小红书
运营实战

刘诗齐　李音奈◎著

中国铁道出版社有限公司
CHINA RAILWAY PUBLISHING HOUSE CO., LTD.

图书在版编目（CIP）数据

小红书运营实战/刘诗齐，李音奈著.—北京：
中国铁道出版社有限公司，2024.1（2024.3重印）
ISBN 978-7-113-30379-2

Ⅰ.①小… Ⅱ.①刘… ②李… Ⅲ.①网络营销
Ⅳ.①F713.365.2

中国国家版本馆CIP数据核字（2023）第129207号

书　　名：小红书运营实战
　　　　　XIAO HONG SHU YUNYING SHIZHAN
作　　者：刘诗齐　李音奈

责任编辑：王　宏　　　　编辑部电话：（010）51873038　　　电子邮箱：17037112@qq.com
封面设计：仙　境
责任校对：刘　畅
责任印制：赵星辰

出版发行：中国铁道出版社有限公司（100054，北京市西城区右安门西街8号）
印　　刷：三河市国英印务有限公司
版　　次：2024年1月第1版　2024年3月第2次印刷
开　　本：710 mm×1 000 mm　1/16　印张：13.25　字数：216千
书　　号：ISBN 978-7-113-30379-2
定　　价：69.80元

为什么要学小红书运营

随着当今社会的发展，媒体与传播的形式发生了重大的变化，除传统媒体外，个人自媒体已经成为传播的第二曲线，推动着新的流量变革。这一变化标志着去中心化的时代已经到来，我们的工作形式也必将随之发生变革，以个人或者小团队为核心的自媒体开始崛起。在这股浪潮中，个人品牌不断展现出惊人的力量。在这个时代，不仅营销与运营人员应该学习做自媒体，普通人更应该学会做自媒体打造自己的IP（知识产权，Intellectual Property的简称），像经营一家公司一样经营自己，让自己不再惧怕职场危机，这才是回报率最高的投资。

但是自媒体平台这么多，为什么要选择小红书呢？这是因为小红书看起来是小众平台，但它的商业价值却极高。小红书从诞生的那一刻起，商业获利就刻在了它的基因里，虽然和其他平台一样都是通过内容吸引粉丝聚合流量再达成获利，但是小红书却不是泛娱乐化的平台，在小红书上，用户与博主都在分享自己的购买心得和体验，这让小红书成为一个"种草"平台，想买一瓶洗发水、一套彩妆、一款家居好物，很多用户都会先上小红书搜一搜使用测评与购买攻略。不仅如此，小红书的用户在购买力方面也是相当强劲，根据数据报告显示，小红书直播带货的平均客单价是抖音、快手的5倍！所以如果你想要有精准的流量变现（将网站流量通过某些方式实现收益，如弹窗广告、广告联盟、定向销售、增值服务等），那一定不要错过小红书！

如果你是新人博主，那更要从小红书开始！就目前各大自媒体平台的情况来看，如果没有新的平台公司诞生，那博主们已经进入了红海竞争的时代，想要在抖音、快手、微信平台获得流量，内容的生产制作已经饱和了，竞争非常激烈。而小红书作为一个分享购物的"种草"平台对于普通人更加友好。第一，它的分发机制是去中心化的，这让每一位博主都有曝光的机会；第二，平台的氛围是分享体验，所以用户更加相信普通人真实的经验与感受。因此，做小红书博主不需要有精湛的剪辑技巧、不需要有绝妙的文案，只要够真实，也能有一路飙红的机会！

小红书运营体会

笔者从2020年8月开始运营小红书，截至2021年11月中旬，16个月的时间共运营过4个账号，涨粉超过20万，帮助了2000多名小红书用户进入私域流量池，并从中取得27万元的课程收入，相当于月入约2万元，平均每个用户贡献了135元。而笔者自己的小红书账号在粉丝数不足2000时，就实现了单笔9500元的大额订单。2023年，除了自然流量的账号，笔者开始尝试小红书聚光平台的投放，一个不足2000粉丝的账号，已经可以创造出11万元以上的月营收。

上面列举的这些数字可能还不及很多主播半场直播的收入，但在整个运营过程中，除了人力、灯光、相机、收声这些固定成本，以及一次几百元的薯条（帮助创作者增加笔记曝光，实现短时间内广泛触达用户的推广工具）投放，笔者再没有任何物质投入，算下来整体的投入产出比（ROI）相当可观。在运营的过程中，笔者发现这些账号的爆款与创收不是随机性、偶然性的，而是有着强烈的可复制性。

更重要的是，笔者自己的元认知、元能力也有了潜移默化的提升。写作、运营、盈利策略、传播逻辑……这些能力，会在未来更长远的日子里不间断地给我们的生活带来正向的引导。事物的发展都是从量变到质变的，通过长期的内容经营，一点点积累经验，逐渐实现个人或品牌的增值，是笔者认为最好的结果。如果在这个过程中，能够激发出强烈的热情，找到全新的人生或品牌方向，那就更加弥足珍贵。

在运营小红书的过程中，我们很可能会获得意想不到的资源。就比如此刻，大家有机会阅读到笔者的文字，也仅仅是因为笔者曾经在小红书上发布了一条讲小红书运营的视频，发布那条视频的时候，笔者的粉丝数甚至还不足100。是的，无论你站在什么样的起点，哪怕只是一条点赞不足100的内容，就足以让同频的伙伴发现你。

希望所有的人，都可以带着目标经营，带着收获成长。也许有一天回头看，做小红书的意义远比我们想象的深刻很多，它甚至可以成为我们完成自我转变的快速通道。希望每个人都能够靠着对小红书的探索，找到向内延伸的动力，笔者相信小红书这个平台的未来，也相信小红书创作者们的未来，亲爱的读者们，从翻开这本书开始，一起飙红吧！

编写特色

- **系统完整**：笔者从平台分析到 IP 定位，从内容创作到创收模式，从个人品牌到公司品牌，全面讲解了小红书的运营逻辑与实操方法。
- **从零开始**：从小红书的注册和养号开始，一步一步讲解如何搭建账号，上手门槛很低。
- **内容新颖**：书中的大部分方法都是根据小红书的新功能进行讲解。
- **经验总结**：全面归纳和整理作者多年的新媒体运营实践经验。
- **道法术器**：笔者不仅分享了具体的方法、操作工具，还分享了新媒体运营的心法，着重解决核心问题。
- **突破迷茫**：笔者将自己做新媒体运营时的心态建设方法进行了经验分享，帮助读者有效调整情绪，实现高效运营。

主要内容

本书内容可以分为小红书运营基础入门、小红书运营的基础操作与案例分析、运营人员心态与能力打造三部分。

第一部分主要讲解小红书的特点及平台调性，介绍平台功能的使用方法与官方薯的功能，详细介绍了视频号、专业号的区别等，让初次学习小红书运营的读者充分掌握小红书平台的基础环境。对于新媒体有一定经验的读者可以跳过第一部分的内容。

第二部分主要介绍如何进行账号定位、内容创作技巧、短视频创作技巧、矩阵账号与引流创收、预算与投放策略。

　　第三部分主要是对运营者的心态与思考方式进行了解读，这部分的内容也可以帮助读者在第二部分的实操过程中保持清晰的判断与思考，作出正确的运营决策。

读者对象

- 新媒体运营人员。
- 个人创业者。
- 想要打造自己的个人 IP。
- 想要布局小红书的营销人员。
- 对新媒体运营感兴趣的人员。

　　由于笔者能力有限，书中难免会存在错误，欢迎读者批评指正。读者在阅读本书过程中，如遇问题可以与我们联系。刘诗齐的电子邮箱：1368141753@qq.com；李音奈的电子邮箱：375351927@qq.com。

刘诗齐　李音奈

第1章　小红书入门知识

第2章　账号定位

▶ 第3章　选题策划

▶ 第4章　创作秘籍

▷ 第 5 章 常用工具分享及实操

第6章 账号诊断及投放

第7章 账号获利与转化

▶ 第 8 章　小红书直播与社群运营

▶ 第 9 章　突破运营困境

RED

第 1 章
小红书入门知识

在创建一个属于你自己的小红书账号之前，不着急，我们先花点时间了解一下这个平台，看看这个平台能够产生的价值和你的愿景是否一致。当你相信这个平台可以带给你成长与蜕变所需的一切，才能更加果决地放手去干。

本章主要涉及知识点有如下方面：

- 小红书平台的基础信息、内容生态和直播特色。
- 小红书的基础操作页面及账号申请。
- 小红书官方账号的介绍。
- 了解哪些人适合做小红书。

1.1 小红书特有的优势

如今的内容平台越来越多，主流内容平台日益繁荣，小众内容平台也在飞速地另辟蹊径，寻找各种机会弯道超车。但我们的精力都是有限的，这么多的平台里，为什么要将小红书作为自己运营的主力呢？

选择平台时，预测哪个平台更愿意给你赋能，更能够为你赋能，是非常重要的一项内容。所以要解答这个问题，我们先来看看小红书究竟是一个怎样的平台。

1.1.1 充满机会的小红书

小红书作为一个"种草"平台，对于商家、品牌和普通博主都有非常大的价值，大家可以在小红书平台上建立自己的品牌，推广自己的产品，甚至做博主开直播带货。这一切都与小红书诞生时的背景不可分割，如果想要在小红书获得更多的机会，就一定要从了解小红书的诞生开始。

1. 崛起：小红书的前身

很多人都知道小红书的前身是电商平台，但很多人不知道，它是社区起家的电商平台。当笔者把下面的背景跟做新媒体的朋友分享，很多人都感到震惊，但又觉得顺理成章。因为唯有这样的发展历程，才能造就小红书平台内容商业化却不遭人反感的特质。

小红书于2013年6月在上海成立，同年12月，推出了海外购物分享社区，用户在平台上分享海外品牌的真实使用感受、购买攻略等信息，打通了品牌与用户之间的信息鸿沟，因此迅速成为市场上的黑马。

一开始，小红书的用户主要集中分享海外购物经验，特别是美妆个护的分享，慢慢随着时间的推移，出现了运动、旅行、酒店餐饮、购物等其他方面高价值含量的信息。来自用户的数千万条真实的消费体验，将小红书打造成了全球最大的消费口碑库，逐渐成为当下年轻人的生活方式和消费决策入口。这为小红书专注打造优质内容提供了便利的条件，也奠定了小红书具有所有平台都不具备的超高口碑和商品"种草"的特质。

正因如此，在商业获利上，小红书只要运营得当，商业潜力巨大。2021年，新榜大数据平台（以下简称新榜）的小红书营销洞察报告显示，仅2021年上半年，小红书的商业笔记数量就已经多达十一余万，小红书直播带货的平均客单价也是抖音、快手短视频的五倍，庞大的用户群体，良好的商业转化效果，正在吸引越来越多的达人将目光转向小红书。

2. 影响：埋下购物的心锚

小红书是关键意见领袖（Key Opinion Leader，简称KOL）的分享之书，也是无数普通用户的决策之书。什么是关键意见领袖？就是拥有更多、更准确的产品信息，并且能为群体所信任，能左右多数人购买行为的少数人，是舆论的风向标，实际话语权的把控者。

小红书的用户主要是都市白领、职场精英女性，以及追求时尚潮流容易被新鲜事物吸引的大学生。这部分人群有什么特点呢？

那就是消费能力强，消费需求强，消费理念超前。而具备这三个特质，那就说明，很可能在生活中她们扮演的也是群体的意见领袖。小红书的"种草"就是依赖于意见领袖的影响力。正是因为这些人群，小红书才能成为重要的生活决策舆论工具。

头发干枯，不知道选什么洗发水，小红书搜一搜；换季更新衣橱，不知道什么风格最流行，小红书搜一搜；终于有了空余时间，想外出旅行但没有明确目的地，小红书搜一搜；缺乏运动脂肪堆积，想针对性燃脂瘦肚子，小红书搜一搜；想学新媒体干货，不知道怎样实操，小红书搜一搜……

据小红书公开数据显示，搜索优先的用户占首页流量38%。做消费决策之前先浏览小红书，已经成为众多年轻人的习惯。在小红书，普通用户的使用场景不仅仅是集中在分享生活和日常消磨时间，目的性浏览是小红书区别于其他内容平台最大的不同，因此，越来越多的人养成了购物之前先看小红书的习惯。

3. 种草：天生自带转化属性

既然在小红书，用户往往带着强烈的目的而来。那么只要能够精准匹配产品和用户群体的需求，就可能在小红书打造爆品，毕竟小红书推爆品的能力一直是有目共睹的，比如踩中热点的美妆品牌完美日记、主打高舒适度的高跟鞋品牌7or9、美瞳品牌可啦啦（Kilala）……

越是消费导向的内容，对于消费体验描述的越极致，用户越喜欢。并且，小红书还在占据品牌方越来越高的投放预算。

4. 机会：普通内容创作者的崛起

不仅整体转化数据好，对于普通内容创作者而言，小红书同样充满了商业获利的机会。在小红书，不到一万粉丝就可以入驻小红书的官方达人平台，根据新榜数据，商业笔记平均互动Top10的达人中，粉丝数5万～50万的"腰部达人"占6席。哪怕万粉到百万粉的关键意见消费者（Key Opinion Consumer，简称KOC），都可能成为商家批量"种草"的重点合作对象。

并且，小红书的获利路径还在不停地更新迭代。2021年，小红书的知识付费窗口上线，给达人们提供了除直播带货、接商单"种草"之外的一个更加直接便捷的获利模式。诸如此类的获利尝试，小红书还在不断探索，在小红书，每一天都可以拥抱新的可能。

1.1.2 小红书的内容生态

随着资本的涌入和抖音、快手平台的诸强加入，越来越多的创作者们开始将目光投向小红书。背后的原因不仅仅因为小红书上的用户购买力更强，获利更容易；也不仅仅因为小红书的算法更友好，新人机会多；更不仅仅因为小红书的粉丝更有黏性、互动性更强，而是因为在小红书做内容，有以下三个特别重要的理念。

1. 在小红书，真诚的分享很重要

"真诚种草、真实分享。"这个理念，几乎贯穿了小红书的整个内容生态。在小红书，绝大多数创作者都在踏实做内容，在这些创作者身上，看不到哗众取宠的影子，而是用心做好每一条测评，每一次展现。

一方面，得益于小红书官方在努力建设真诚分享、友好互动的社区，而另一方面，创作者们也在努力守护真诚分享的氛围。真诚分享意味着好的内容，好的内容会带来高密度的价值，有价值感的内容会吸引来好的产品，好的产品能创造好的口碑，好的口碑会带来好的宣传，好的宣传会带来好的分享，好的分享能带来好的复购……这样对于创作者们而言，就可以一直进入个人影响力和商业价值的正向循环。

而对于"生于内容，长于交易"的商业个体，无论是大的品牌，还是小的商家，甚至是个人，在这里也都能够找到健康的萌芽、发展、成长状态。直播带货、账号获利、内容"种草"……所有的获利链条都在真诚与正向循环中不断地推进演变。以真诚作为商业的前提，不透支信任，这大概也是处在逐步加速商业化进程中的小红书，直播带货的平均客单价可以做到抖音、快手短视频5倍的原因之一。

2. 在小红书，多元化的声音很重要

喜欢浏览小红书的用户都知道，小红书给了用户充分的选择权。相当多的平台在浏览内容的场景下，只能查看本条内容、上条内容、下条内容，或者退出浏览界面。因此，算法几乎锁死了用户的浏览行为。

但小红书不同，它的推荐页面采用双列信息流的展示，每一屏都大概可以呈现四条内容，用户可以通过封面和标题呈现的信息来进行自由选择。因此，小红书不但给用户留了思考的余地，对于创作者而言，更多饱含深度的优质内容有了被发现和认可的机会，在小红书也有了更加精细化做内容的底气，即使是长视频也非常受欢迎。

并且小红书的算法对于普通人也很友好，欢迎、鼓励、包容新人和普通人的发言分享是小红书社区的核心价值观之一。因此在这里，你能够听到各种前卫、冲撞的想法，只要不违反小红书的社区公约，都可以自由表达。

所以，内容多元化一定是小红书的特色。随着用户基数越来越大，时尚、美妆、科技、运动、家居、美食、科普、出行……每个领域都在涌现出色的作者和精彩纷呈的内容。而且，不同于小红书是女性扎堆平台的刻板印象，男性达人的内容生产力正在逐步提升。男性达人月均发文篇数为12篇，甚至超过了平台的整体水平（10篇）。男性用户注册占比也已经达到了30%。

小红书的社区在不断壮大，尽管大家来自不同的地域，有着不同的社会背景、教育背景，但小红书多元化的传播方式，给打造个人IP提供了无限的可能性。无论你想分享什么样的内容，只要你的内容足够优秀，就会收获大批粉丝。在小红书累计社交货币，输出你想表达的内容和价值，一定能够链接到与你同频的伙伴。

3. 在小红书，专业的内容很重要

在小红书，用户除了首页推荐逛街式的浏览，内容搜索流量的占比也相当之高，根据小红书公开数据显示，搜索优先的用户占据首页流量的38%。而引爆搜索流量，除了布局好内容的关键词，很重要的一点，就是内容专业有料——你的内容是否细致全面？能帮助用户解决怎样的问题？

小红书之所以有"小百度"之称，就是因为小红书是非常注重内容品质的社区，创作者们愿意把自己所长源源不断地输出，无论是内容的专业度还是优

质度，无论是小众还是大众，粉丝们都能够从中找到自己需要的内容。因此在小红书，你能够看到世界500强高管顾问讲商业认知，百万畅销书作者指导从零写作，从业15年的瑜伽老师分享练习干货……即使是短短三五分钟的视频，都能够收获到超高浓缩度的硬货精华。

专业的平台氛围带来的就是信任价值的转化，这也是小红书的粉丝为什么黏性高，为什么比其他平台商业价值更高的原因之一。

因此，在小红书做内容是幸福的。不需要想奇招制胜，不需要砸重金，只要内容具备真诚、多元、专业任何一个要素，都有可能从零成为爆款笔记。小红书是一个普通的内容创作者不依靠团队也能做出一番成就的平台。

1.1.3　小红书直播的独特魅力

小红书布局直播领域时间较短且各方面不是特别成熟，那为什么还要做小红书直播呢？主要还是因为小红书和其他直播平台相比有独特的优势。

1. 获利属性更强

小红书平台上的粉丝是以"种草"为主，他们使用小红书平台的核心目的就是为了给自己的购买决策做辅助支撑，所以本身就带有很强的购买意愿，这一点和其他以娱乐化为主的平台是有区别的。在小红书平台做直播，虽然流量与人数可能并不多，但是获利能力却不低。

2. 对新手更友好

小红书在流量推荐上是去中心化的分发推荐机制，对于新手主播会比较友好，不像其他的平台流量过于集中，新人面临巨大的流量竞争压力，做一段时间就容易放弃。而在小红书上新人会获得流量扶持，而且还可以把自己的直播间转发到站外给私域流量的粉丝，给直播间营造一种轻松舒适的氛围，也非常利于新手主播的发挥。

总的来说，其实对于做博主的我们来讲，获取流量本身就不是最终目的，一个直播间的人数再多没有获利就无法实现最终目标。与其沉浸在直播间人气的火爆上，获利才是实实在在的收获，这就是很多博主选择在小红书做直播的原因。

1.2 熟悉小红书平台

在正式开始运营自己的小红书账号之前，本节将会带大家初步了解一下小红书上的基本操作和基础信息。帮助大家熟悉发布界面，了解个人中心，了解视频号和专业号的区别，小红书上的官方账号，以及什么样的人适合做小红书，帮助大家可以快速上手小红书。

1.2.1 了解发布界面

打开小红书App，会进入到发现页面，在这个页面上，除了可以浏览算法分配的内容，还可以点击最下方的【+】进行内容的发布。对于创作者而言，这是经常被使用的一个页面，可以进行编辑内容、上传内容、开启直播的操作。

1.编辑及上传内容

在发布界面，我们可以分别选择视频或者照片上传，也可以点击下方的拍视频、拍照选项，直接在小红书完成内容拍摄到编辑发布的全过程。

小红书上的视频编辑功能和图片编辑功能强大，足够完成内容创作，不仅支持智能成片、字幕识别、滤镜调色等基础功能，并且还能在编辑过程中添加具有小红书风格的贴纸。

另外，我们也可以选择【模板】功能，如图1-1所示。在发布页面下方点击【模板】功能，就能看到推荐、最新、生活碎片、旅行等分类，找到对应需求的模板分段添加素材，就能够自动生成一段精美的视频。

图1-1　发布页面模板功能界面

2.开启直播

开启直播也是在发布页面，这里有很

多帮助提升直播间流量的选项，可以上传封面、添加标题吸引更多的精准人群；也可以开启滤镜美颜功能，让直播间更加精致好看；还可以点击更多设置直播公告，透露本场直播内容和福利，以及设置直播间屏蔽词，保护直播间友好互动的氛围。

同时，小红书也有电脑版的发布页面，如图1-2所示，登录小红书创作服务平台官网，即可发布作品。或者登录小红书的官网，在创作者服务中心进行作品发布或电脑直播的操作。

图1-2　电脑版登录界面

1.2.2　了解个人中心

打开小红书，点击右下角的【我】，即可进入自己的个人主页。在个人主页，我们可以发布及查看作品数据，编辑个人资料，以及进入功能强大的折叠菜单。

1.发布作品及查看作品基础数据

可通过上下滑动页面，简明清晰地浏览目前账号的粉丝数量和每一个作品的基本数据。在这个页面同样可以点击最下方的【＋】发布作品。

2.编辑账号资料

可以点击页面右侧的【编辑资料】进行头像、名字、小红书号、简介、背景图等信息的修改。

3. 进入折叠菜单

如图1-3所示，点击左上角【≡】，可以进入折叠菜单，这里是小红书账号中重要功能的集合地，创作者们经常会使用到"创作中心""我的草稿""钱包"三个板块。

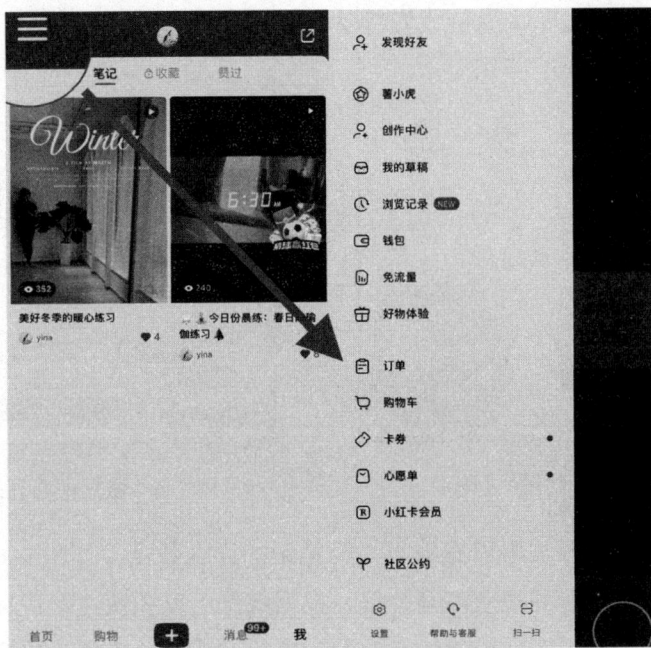

图1-3　进入折叠菜单的路径

（1）进入创作中心/专业号中心。

创作中心/专业号中心是每个创作者都需要经常查看的板块，如图1-4所示，创作中心是集近期数据表现、热门的话题活动，官方的创作教程等内容于一身的服务中心，善于利用它，不仅可以让我们随时掌握账号数据的变化，还能够全面的帮助我们进行账号的运营。

点击左上角【≡】—【创作中心/专业号中心】—【近7日数据】，在数据中心界面查看账号非常详尽的数据动态，如图1-5所示。可以根据自己对账号的分析需求，查看访客人数变化、用户观看时长、粉丝来源情况、粉丝互动情况和转化情况等细致的信息，也可以点击【近30日】选项，查看这个月的数据。

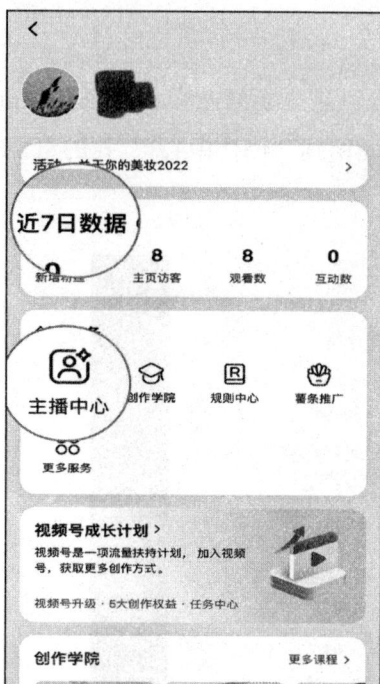

图 1-4　创作中心界面

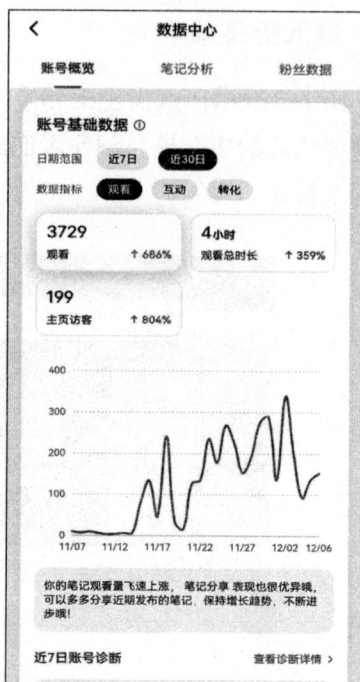

图 1-5　数据中心界面

其中笔记分析板块可以查看每一篇笔记的详细数据，如图 1-6 所示，如果是视频笔记，还能看到观众离开趋势，根据数据的反馈快速迭代优化内容。粉丝数据板块可以看到新增粉丝的来源、流失粉丝数、总粉丝数的趋势变化，方便进行粉丝之间的情感维系和交流。

点击左上角【≡】—【创作中心/专业号中心】—【创作服务】—【更多服务】，可以查看自己的创作权益、作者能力和内容变现板块。在创作权益板块，可以查看在当下拥有的粉丝阶段能够使用的笔记功能，比如定时发布、视频章节、创建合集、评论管理，等等。这些都是在达到某个粉丝基数或者特定条件后才能够点亮开通功能的，如图 1-7 所示。在作者能力板块，达到特殊粉丝数要求后，也可以申请开通专业号、原创保护等功能。而在内容变现板块，创作者可以申请开通店铺、直播选品、薯条推广等功能，特别令人心动是，可以在粉丝数大于等于 1 000 时开通商品合作进行带货，在粉丝数大于等于 5 000 后申请品牌合作接商单，在生产优质内容时购买小红书的薯条服务进行内容加热涨粉。

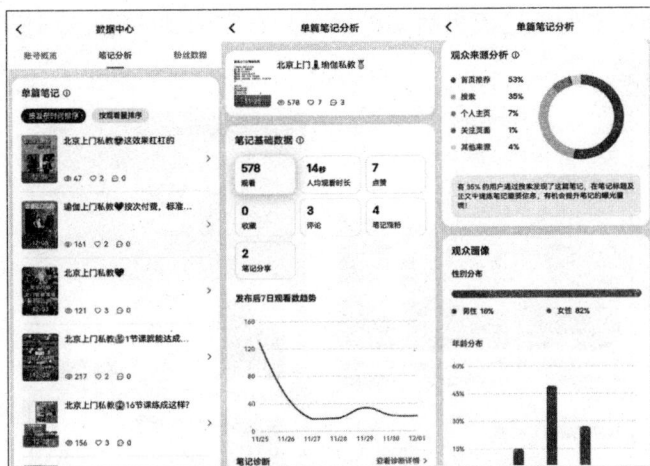

图1-6 单篇笔记数据分析

图1-7 不同账号的权益差距

点击左上角【☰】—【创作中心/专业号中心】—【创作学院】，可以学习很多官方课程，如图1-8所示，从选题取材、拍摄剪辑、粉丝运营等方面了解小红书的创作逻辑，以及随时掌握小红书视频的最新功能，了解优秀小红书创作者的运营心得等。

点击左上角【☰】—【创作中心/专业号中心】—【笔记灵感】，可以查看本周热点和官方的话题流量活动等，参与官方选题的笔记，还可能获得官方的流量推荐机会。

图 1-8 创作学院和笔记灵感

（2）存储未编辑完成的草稿。

在发布页面编辑内容后，如果暂未完成所有操作，或者想过段时间发布，我们可以暂时存为草稿，点击左上角【≡】—【我的草稿】，就能够查看自己所有的草稿记录并进行再次编辑发布了，如图1-9所示。

图 1-9 本地草稿和钱包界面

（3）查看金钱往来。

点击左上角【≡】—【钱包】，进入【我的钱包】页面，内容创作者在小红书上进行的所有交易基本上都可以在这里查看，比如薯条的充值记录、品牌合作收益记录、直播间的礼物记录、目前账户中充值的薯币等。还可以进行收益提现，包括直播课收益、品牌合作收益等。

除了以上三个重要板块，我们还可以在折叠菜单中查看社区公约——在小红书初来乍到，不了解内容发布规范，一定要事先阅读小红书的社区公约。觉得数据表现不好，突然骤跌，也可以查看小红书社区公约推算自己的内容是否触碰平台底线。

以上就是创作者们初期在个人中心会经常用到的功能，我们还会在后续的内容中进行实际应用的讲解。大家注意要完成个人实名认证，点击【我的】—左上角【≡】—【设置】—【账号与安全】—【身份认证】，不然会影响到账号功能的正常应用，比如开通直播、收益提现等。

1.2.3　了解视频号和专业号

在刚开始做小红书的时候，我们都听说过小红书的视频号和专业号，但是可能不知道如何申请，或者申请后它能够获得哪些对应权益。所以接下来，我们就来一起了解一下吧！

1. 小红书视频号

视频号是一项小红书推广的流量扶持计划，加入视频号之后，不仅能够获得小红书的视频流量扶持，还能够链接到小红书的官方资源，得到一对一的运营专业指导、商业合作的优先推荐、优秀作者的独家签约，等等。并且可以获得一些视频号专享功能，比如视频合集、定时发布、支持最长15分钟长视频等。由于这些功能都是比较基础且重要的，建议大家在账号满足条件后一定要去申请！

两类条件达标的创作者可以申请视频号。

第一类是新手创作者，需要自己小红书账号同时满足四个条件：

（1）完成个人实名认证。

（2）小红书粉丝量大于等于500。

（3）发布过1分钟以上时长的视频笔记。

（4）遵守社区规范，无社区违规行为。

第二类则是已经在其他平台有一定的粉丝基数的创作者：

（1）在哔哩哔哩（简称B站）的粉丝量大于等于5万。

（2）西瓜视频或其他视频网站粉丝量大于等于10万。

（3）抖音、快手平台或微博粉丝量大于等于50万。

所以对于新人创作者，我们可以把涨粉500，申请成为视频号作为自己的短期激励目标！

申请方式：点击【我的】—左上角【≡】—【创作中心/专业号中心】—【视频号成长计划】—【我要报名】即可。

2. 小红书专业号

小红书专业号是经由官方权威认证的账号，申请成为专业号之后，可以给自己打上专业身份标签，比如运动博主、文化博主、美食博主等，每个人可以认证两个身份，可以自由选择是否展示在主页。

认证专业号的好处，一是更容易做垂直类内容，二是能够获得强大的运营功能，比如抽奖、私信、运营指导等。重点是，只有当一个账号申请成为专业号之后，才能够在小红书的官方渠道做开店卖货、品牌合作、广告投放等后续的商业行为。

专业号的认证可以分为两大类别，一类是个人身份的专业号，另一类是企业身份的专业号。二者都可以在小红书上自主开店，如果选择个人类型的身份，比如美妆博主、时尚博主等，只能在小红书开通个人店铺；如果选择企业类型的身份，比如饮品店、保健品牌等，只能开通企业店铺，并且小红书号店一体（账号和店铺合而为一），每个账号只能绑定一个店铺。

建议企业或者商家一定要申请专业号，申请小红书专业号特别的一点就是可以主页关联线下门店，不仅可以展示门店的地址、营业时间、联系电话，如果有多个门店，还能够按照用户的所在位置智能推荐距离最近的门店。如果有小红书用户打卡分享过你的门店，在门店详情页还可以展示用户发布过的口碑内容。

但个人用户千万不能误申请成企业号，会影响到带货、接广告等商业行为，一旦申请成功很难人工取消，只能等自然过期。并且自然过期后，身份证号和手机号仍然可能被占用，影响到我们在小红书上的其他认证和操作。

专业号申请方式：点击【我的】—左上角【≡】—【创作中心】—【更多服务】—【升级专业号】，选择身份及提交身份资质即可。个人身份的专业号直接选择美妆博主、时尚博主、摄影博主等对应推荐身份即可，推荐身份是不需要缴纳审核费用的。而找不到对应标签的企业身份的博主可以在搜索框中搜索更多身份（比如保健品牌），在选取认证身份之后，会提示需要提交的资质及审核费用，根据官方提示进行操作即可。

电脑端可以直接登录小红书专业号平台，首页点击【专业号认证】，或者点击【资质管理】中的"专业号认证/年审"，了解可申请身份及对应认证相关资质后，上传资料就进入认证流程了，如图1-10所示。后续在这个页面，也可以进行很多专业号的营销操作，建议大家将其作为日常登录的网页保存在电脑收藏夹中。

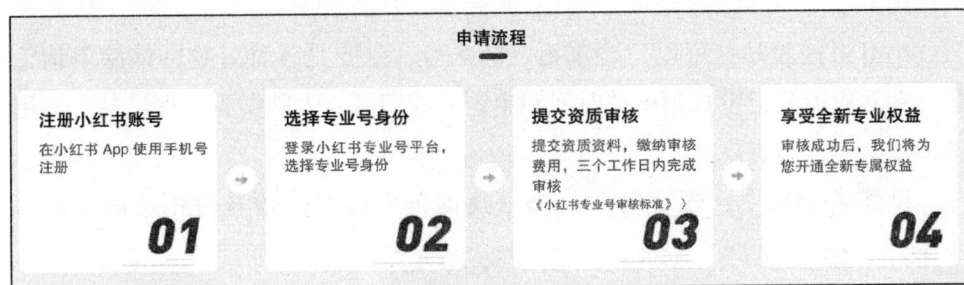

申请流程

注册小红书账号	选择专业号身份	提交资质审核	享受全新专业权益
在小红书 App 使用手机号注册	登录小红书专业号平台，选择专业号身份	提交资质资料，缴纳审核费用，三个工作日内完成审核《小红书专业号审核标准》	审核成功后，我们将为您开通全新专属权益
01	**02**	**03**	**04**

图 1-10　专业号申请流程

1.2.4　了解小红书的各种"薯"

如果你从来没有运维过小红书，那么笔者会建议大家先去关注一下小红书上的各种官方"薯"，不仅能够第一时间获得官方的最新动态、平台热点，获知最新的流量活动和"薅羊毛"活动，也能够快速对当下小红书的内容生态形成一个完整的认识。由于小红书的官方账号百花齐放、数量繁多，笔者在这里把它们分成了两个较大的类别，方便大家查找关注。

1. 提供创作者服务的各种"薯"

薯队长：小红书的官方顶流。想了解小红书整个平台的内容调性和最近一段时间的热门风格内容，可以多多关注。

视频薯：视频号的功能介绍与答疑，视频号优质内容盘点，创作话题推荐……简单而言一句话，小红书平台好看的原创视频都在这里。

薯管家：平台的规则解读、违规用户公示例、平台不建议的基本操作等，比如"不要过度修图，真诚分享""不要标题党""不要非实拍种草"等这些小红书的运营雷区可以在这里看到。

薯条小助手：帮大家"吃"好薯条（薯条是帮助小红书笔记增加曝光量的工具）的官方账号，每周都有定点的答疑和干货直播，平时的内容分享也比较实用，除了笔记投放相关的方面，还有很多创作者案例的分享和基础的运营内容分享。

小红书成长助手：新功能上线通知，热门功能攻略解答。比如贴纸、道具、影集功能、瞬间功能，如果是小红书运营新手，可以先掌握主要基础工具的使用。

小红书体验站：可以"薅羊毛"的账号，主要是各种好物的体验申请信息，在对应的笔记中找到申请时间和申请方式即可。大牌美妆、保健品、家用电器……应有尽有。

创作者小助手：想了解小红书直播课、小红书视频号的相关内容可以关注。

专业号助手：小红书专业号的全面解读，可以获知小红书专业号的基本操作和最新玩法。

带货薯：小红书带货直播官方账号，主播培训、名家讲堂、专属活动……想了解小红书平台上的带货生态和具体的运营细节，可以多多关注。

店铺薯：小红书店铺唯一指定官方账号。有关商家内容创作、如何给商品注入更多的流量、小红书店主的经验分享等内容。

商业广告薯：了解第一手小红书商业动态，比较适合品牌方关注，特别是专业从事新媒体领域需要写策划案的在职运营者。在这里，你可以了解小红书上真实的商业案例，比如百草味为什么会成为站内搜索指数Top1的爆款产品、新商业地产如何吸引年轻人。同时也可以了解一些营销技巧，比如品牌投放如何更精准、如何放大卖点打造小红书爆文，还可以看到优质品牌合作笔记分享……

商家培训薯：集中分享号店一体课程、店铺运营课程、营销玩法课程。如果说想要了解小红书平台上，商家和店铺日常运维的干货，比如各种节日的玩法机制，店铺直播间提升点击率的技巧，电脑端开播的详细介绍、运费策略、专业号认证详情……一定要关注这个薯。

招聘薯：小红书官方招聘一手信息。了解社招、校招动态，以及在小红书工作的真实体验，都可以关注。

安全薯：小红书的治安守护者，宣传安全网络知识，会帮助识别平台的风险用户，预防网络诈骗，以及引导受害用户维权。大家平时在账号运营中，如果遇到了疑似网络诈骗的情况，都可以私信反馈给安全薯。

蒲公英小助手：蒲公英是小红书的商业合作服务平台，博主可以通过笔记形式跟品牌进行合作，商家想要通过博主的笔记进行合规的"种草"也必须通过小红书蒲公英平台下单并完成报备。所以这个是创作者和商家都有必要关注的账号，它会开设一系列小课堂提供干货分享，解答各种商业化问题。

2. 垂直领域的各种"薯"

娱乐薯：娱乐垂直领域的内容分享、综艺、影视剧、明星专访……还有很多观影团招募的活动，可以得到免费的电影票。

美妆薯：美妆垂直领域的内容分享，美妆博主找灵感必看。

穿搭薯：穿搭垂直领域的内容分享，穿搭博主找灵感必看。

生活薯：旅行攻略、露营指南、人见人问的出片地点、值得多次去的城市、户外生活……简单点来说就是诗和远方。如果你准备做旅行博主，可以关注一下，定期会发布出行红人榜，有效借鉴优质博主的表达方式，也可以给自己的选题一些灵感。

日常薯：Vlog（视频博客）爱好者推荐一定要关注，这里有居家生活、假日出行、恋爱日常，也有城市烟火、人文艺术。想打造更精致的内容，经常翻翻看，一定会有灵感。

薯宝宝：垂直母婴类的博主可以多多关注，小红书上所有优秀的妈妈和可爱的宝宝都集中在这里了，育儿博主必须要看！

运动薯：运动垂直领域的博主可以关注，及时了解小红书上一段时间的热门运动类话题，以及每周的优秀运动博主榜单。包括一些优质的运动界行业领袖的采访、优质博主的采访，热爱运动的博主可以经常翻翻看。

校园薯：分享教育与职场干货，经常发起各种定向流量扶持活动。

心情薯：小红书情感/心理官方薯，如果你经常分享心理成长类的内容，比如职场焦虑，或者经常探讨一些情感上的问题，比如拯救不开心、维持好恋爱关系，可以保持关注。官方会定期发布情感红人榜，热门视频笔记榜单及官方发起的流量计划，所以对于垂直领域的新人还是很有帮助的。

逛逛薯：适合"种草"、穿搭、美食等类型的博主关注，一对一扶持点播，对接一切站内宝藏店铺，如果对号店一体、外链商品如何带货这些问题感兴趣，就可以常常关注。

除此之外，还有电影薯、音乐薯、宠物薯、数码薯、薯博士、吃货薯、知识薯、新品薯、潮流薯、走走薯、玩家薯、美业薯、家居薯、人文薯、公益薯、游戏薯、红卡薯、薯侦探、小红书成长笔记、城市情报官、国货情报官等账号，大家感兴趣都可以搜来看一看。

以上就是小红书平台上的各种官方账号的简单介绍，如果是单纯想看学习教程类的内容，大家也可以直接在之前提到的小红书的创作学院的官方课程中进行学习，官方很贴心地为大家准备了选题取材、拍摄剪辑、粉丝运营、商业获利等多维度的系统内容。

复习一下创作学院的进入路径：点击【我的】—左上角【≡】—【专业号中心】—【创作学院】。

1.2.5　什么样的人适合做小红书

了解小红书这么多基础信息之后，我们终于要进入正题了。"到底什么样的人才适合做小红书？"问出这个问题的人，心中一定有很多忐忑。但笔者希望大家不要太过担心这个问题，因为小红书真的人人可做。

1. 每个人都适合做小红书

专业、优秀的人自有其发光点，做内容拥有得天独厚的优势，如果你恰好是这样的人，那么恭喜你，请从现在开始放心大胆地行动起来。

但如果你恰恰在生活中不是一个特别亮眼的存在，别担心，平凡的人同样拥有机会。平凡也好，优秀也罢，都是普通博主们逆袭的流量密码。

什么样的人更容易吸引到他人的关注呢？审美价值、知识价值、功能价值、情感价值总要满足一个。四大价值之中，情感价值恰恰是维持粉丝黏性最重要的一点。在追求真诚分享的小红书平台上，大家都喜欢寻找与自己相似或者同频的人，从平凡慢慢变得优秀的人，比一开始就很优秀的人能够提供更多的情感价值，所以也更容易吸引到更多的关注，这就是为什么很多减肥博主、学习博主、美妆博主能够快速起号的原因。

另外在小红书上，我们不是拿全方位的自己去跟他人比较，而是展现自身所长来获得喜爱，所以，只要开动脑筋找到合适的细分内容领域，每个人都有人气爆棚的机会。

2. 多想"怎么办"的人更加适合做小红书

自信一点！有的时候我们会产生什么样的人才能做小红书这样的疑问，其实内心深处对自己是不自信的。心理能量低，没有足够的支撑系统对抗行动带来的风险，因此畏惧行动。

一会儿觉得自己的想法不太成熟，一会儿觉得自己的外表不够有吸引力，一会儿觉得自己的写作功底太过差劲，一会儿觉得自己的审美能力还不达标……然后慢慢地在这些疑惑的裹挟中，不敢前进半步，也很难去相信自己的内容是能够被其他人认可的。但恰恰我们担心的问题都不是最重要的。

存在问题不可怕，你只需要多想一步，在所有问题后面加上"怎么办"，学会回答心头翻涌的这些问题。没加"怎么办"之前，发现问题等于制造恐慌。

在这里模拟一下大家的颅内小剧场：

> 我的想法不成熟？——心好慌，不如破罐破摔吧！
>
> 我的外貌不够有特点？——我好丑，不玩了，谁爱做号谁做。
>
> 我的写作功底太差劲？——果然我没有创作能力。
>
> 我的审美能力不达标？——太丑了，谁能看得下去，算了算了。

加了"怎么办"之后：发现问题，解决问题，势如破竹，多么简单。

我的想法不成熟，怎么办？——虽然不成熟，但可以通过实践和探索，慢慢地让它成熟！

我的外貌不够有特点，怎么办？——虽然没有记忆点，但是可以借助化妆、穿搭和道具增加印象分。

我的写作功底太差劲，怎么办？——不如多读书，摘抄美文用心赏析，或者去学相应的写作课程，看相关写作的书。

我的审美能力不达标，怎么办？——可以借鉴年度流行的时尚风格，或者看一些大师的摄影、雕塑、绘画作品去提升审美。

所以如果非要说什么样的人才适合做小红书的话，那么，多想"怎么办"的人最适合。持续发现问题，解决问题，跳出固化的思维，那么无论多大的风雨险阻，只要把心中的想法积极地付诸行动，就可能收获鲜花和彩虹。与其去好奇什么样的人才能去做小红书，不如抽点时间直接做，也只有如此才能在小红书上做到得心应手。

3. 只要付诸行动，你就是最适合做小红书的人

有一个客户约笔者做付费咨询，说给自己的定位做好了，各种灯光、相机、支架也全部准备齐全了，但就是无法开始行动，理由是自己很多东西还是要先内化再输出，笔者从她的描述中能够看出她本身真的很想把这件事情做好，但事实是在找到笔者之前她已经在小红书蛰伏了两年，只发了两组照片，粉丝个位数。笔者能够理解大家想要筹备好一切再行动的心，但在创作初期真的不必给自己太大压力！

首先，千万别玻璃心。目前我们没有粉丝，如果发出的内容遇冷，没有人点赞评论，那是非常正常的！进步是在行动中获得的，和建造房子一样，生产爆款也要打地基，也要一砖一瓦慢慢垒砌。我们看到的那么多平地起高楼的奇迹，是因为他们早早就在其他领域积累了足够多的生产工具，当然也有少部分的人因为幸运偶尔制造爆款，但断然没有空中起高楼的道理！

其次，既然目前粉丝尚少，那就不必担心他人的评价，网友也是现实生活中的人，大部分还是很善良的，不至于上来就毫无道理地批评。至于害怕作品

不成熟，怕给亲朋看到后尴尬，小红书在设置里可以勾选"不把我推荐给可能认识的人""在【附近】页隐藏我的笔记"，甚至可以利用黑名单功能，直接进行屏蔽。

最后，不要苦恼于结果。很多人还没开始做就想了太多"以后"的可能。做阅读的账号，要花大量的时间阅读，最多不过是收到出版社的寄书，赚取微一些稿费；做美妆的账号，竞争激烈，到时候投入也会很大！我们都听过二八定律，新人想要成为耀眼的20%，付出一些时间成本和创作成本不是很正常的吗？至于做号之后的收获，我们当然要想，但是如果一时想不明白，边做边想是不是也可以呢？

所以放手去做吧，一边行动，一边总结经验，我们对自己的信任和信心会不断增加，就不会再焦虑也不会再好奇到底什么样的人才适合做小红书，因为你就是最适合的！

RED

第 2 章
账号定位

有人说，成就一个人最好的方式，就是让这个人知道应该如何正确地努力。所以我们一起从定位开始，了解一下如何系统地做小红书吧！

本章主要涉及知识点有如下方面：

- 找准人设和定位的方法。
- 明确账号的运营目标。
- 选择账号的内容赛道。
- 设置让人一眼记住的个人 IP。

2.1 人设和定位：建立个人和品牌 IP 思维

精确快速地找到自己的人设和定位，是很多刚刚开始小红书运营的博主最苦恼的事情，运营者们往往在策划账号初期时都会去找可参考对象，但问题是，找到的可参考对象越多，就越容易陷入迷茫。凡是没想好内容定位就贸然开始运作的人，到最后都很难取得长期稳定的成果。

2.1.1 理解人设和定位

想要做好定位，第一步就是要深入理解人设和定位的意义，了解背后不变的核心道理，这样才能避免在后续运营工作中陷入"既要……又要……"的两难困境中，防止账号统一性遭到破坏，不让账号在读者心中的印象发生扭曲。

1. 定位的必要性

在找准定位之前，我们先来深入了解定位的必要性。

为什么做小红书一定要先找准定位呢？

因为小红书人人可做，每日井喷式更新的内容必然会带来激烈的竞争，但更糟糕的是，做账号，不仅仅是跟同类型的小红书博主竞争流量。

设想一下我们每天的用户习惯，早上打开听书软件，喝着牛奶，看着平板电脑上的新闻，坐地铁的路上刷刷抖音，被逗趣的段子惹的哈哈大笑，上班做方案的过程中打开了哔哩哔哩，看了一些短视频博主的观点，瞬间灵感爆发。中午觉得肩酸背痛，打开运动服务App选了一节15分钟的办公室小课运动，练完顿时精神满满。下午6点了，感觉有点饿，于是翻看大众点评，约上三五好友，选定了公司附近新开的餐厅。晚上9点，回家先卸了妆，觉得自己的面膜不够补水，于是一边看最新的综艺节目，一边打开小红书查找最火的护肤帖子，研究姐妹们推荐的护肤单品……

这么多的娱乐方式，这么多获取信息的渠道，而用户的时间却只有宝贵的24小时，在过度饱和的信息中，用户的心智就像吸饱水的海绵，可我们做账号却希望给这块"海绵"足够的冲击，让它能腾出空间，源源不断地灌入"我"的内容。

定位的重要性在此彰显。海量的信息让用户丧失判断的热情，用户拒绝模糊的信息，如果不能很简单快速地识别出想要的内容，用户就不会分配注意力。毕竟，所有的内容创作者和平台都在讨好我，如此宝贵的时间，我为什么给小红书？又为什么要给小红书上的你呢？

为了避免徒劳无功的努力，摆脱无人关注的魔咒，找准定位或人设是每一位运营者必须要做的准备工作。

2. 定位的定义

什么是定位？所谓定位就是清晰地找到潜藏在小红书用户心智中的最佳位置，让用户一眼识别出来这就是我要的内容，就是我想关注的博主，并让我们在其中某部分人群的心智中变得与众不同。做好定位工作，能够帮助减少内容传播过程中的噪声，找到跟用户沟通的最佳方式，从而应对如今过度传播的网络环境中的信息干扰。

不仅可以在账号运营初期快速的赢得目标粉丝的青睐，在流量竞争中创造机会，还能够帮我们成为一个不焦虑的小红书运营者，对之后的运营方向了然于心，省去很多后期选题上的麻烦。

而清晰的定位落实到行动中呢，就是对我们的内容领域、内容格调、人设（或品牌调性）、视觉风格、文案风格、用户昵称、简介、标志化动作等因素进行策划和包装，从而应对小红书平台上爆炸性的内容和稀缺的用户注意力资源，如图 2-1 所示。

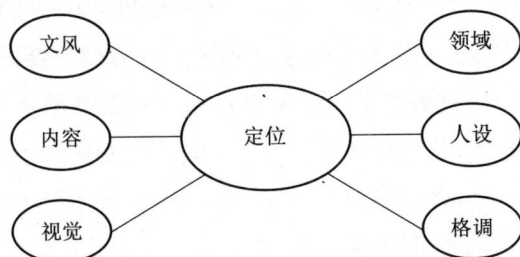

图 2-1　支撑定位的关键要素

3. 如何做定位

前文中我们提到做定位就是要让别人第一时间记住我，这里面有两个关键点：别人和我。所以简单来说做定位就是确定别人的位置、我的位置，以及两个定点之间的距离（关系）。这样一讲相信你就非常清晰了，要做定位其实就是做好这三件事的分析。

（1）了解用户、市场、平台特性。

（2）了解自己的特点与特性。

（3）确定想要和用户形成怎样的关系。

是不是感觉做定位并没有想象的那么难？其实做定位非常简单，但是也有难点。要做好定位，难点在于一定要真实客观的直面用户与自己，要不断客观地找到用户喜欢你的特点，勇敢直面自己的弱点，要果断冷静地调整自己对外的展现方式，这每一条都是对自己内心的挑战。

笔者会在接下来的内容中为大家提供定位的具体方法，但在此之前，我们还需要在脑海中建立另一个思维：个人品牌IP。

2.1.2 建立 IP 思维

知识产权（即 IP）思维非常的重要，这是在互联网上将自己的影响力无限放大的关键。因此，要把它提在最前面来讲。

很多人误以为 IP 就是给自己的身上贴标签，比如我只做绘画类的内容，我只做搞笑类的内容，我就是垂直领域的 IP 了，其实不是的，这样只会将自己越做越窄。IP 不是把自己困在一个小角落，只能做有限的事情，IP 是为自己提供可以无限延展的能力。

怎么才叫 IP 呢？参考凯文·凯利 1 000 铁杆粉丝理论，我们简单将 IP 定义为：在一方领域中稳稳扎根，拥有至少 1 000 铁杆粉丝追随者，并且这些追随者愿意支持你做的任何新决策。由此看来，其实并不是随便一个内容生产者都可以成为 IP 的，相信很多小伙伴在各大平台上都有看到过很多火爆的内容，比如一些做电视剧混剪解读的内容、一些爆火的搞笑内容，这些账号都可以通过内容获取流量，但是却不能被称为 IP，究其原因就是这些账号虽然为粉丝提供了价值，但是没有形成内核关键影响力，就更不用提愿意追随你左右，支持你的任何决策了。

所以做定位是一个更广泛的概念，任何一个账号都需要做定位，但并不是每一个账号都需要做 IP。

那为什么个人及品牌都在不断尝试 IP 化呢？只做定位之后就进行运营不行吗？要回答这个问题，我们要先看一下用户的消费行为习惯。在当下的市场，产品与品牌的崛起速度越来越快，如何在短时间内确定自己心仪的产品是不是真的靠谱，已经成了横在消费者心中的一根刺，这就导致影响消费者进行决策的关键变成了——信任。

想想看，当你在某平台上看中了一款面霜，从心仪到实际付费购买行为中间是不是会有很多的衡量与观望？你会问有经验的朋友，会看好评，还会看专业测评，这一切都是为了解决信任问题。所以现如今想要卖货，简单的广告宣传代言等都已经不能发挥高效能了，在卖货前还需要解决消费者信任问题，这就是 IP 的力量，如图 2-2 所示。

IP的力量 ——— 建立信任 ——— 影响认知 ——— 购买决策

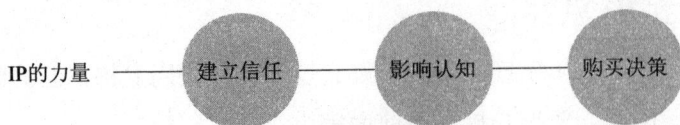

图 2-2　IP影响购买决策的路径

刚才提到了IP是需要在一方领域中稳稳扎根的，这一点就是IP区别于网红、博主的关键点了。作为IP必须有过硬的专业，或者某种让人欣赏的品质，或者某种性格特质，这些稳定的具备正能量的内核才能让粉丝卸下防备，持久跟随。

举个虚构的案例。

> 小红书上有位现象级的运动博主叫作俊俊妈，她坐拥百万粉丝，几乎每隔3～4条视频，都能制造一条点赞过万的爆款，她在运动健身方面分享的内容十分专业、有趣，这是用户关注她的强有力的理由，即使是路人，通过首页搜索的方式发现她的内容，大概率也会关注。
>
> 但随着对她的了解越来越深入，更多人不仅关注她富有感染力的笑容，并且对她本人产生了兴趣，她的宝妈身份、她的审美、她的情感……最终她分享的任何一条内容，包括跟健身垂直领域并非相关的饰品、穿搭、饮食、美甲的分享也会有人喜欢并跟随做出购买决策。
>
> 她的第一条广告来自运动品牌，后来珠宝、腕表、化妆品……也纷纷与她合作，随后她还开始了直播带货，衣服、饰品、食物、餐具、护肤品等都产生了不错的销量。

品牌也是一样，我们举生活中的例子：喜欢喜茶，所以去买了喜茶联名款包包；喜欢旺仔牛奶，所以对旺仔牛奶出的衣服也爱不释手……这样的情况在各个领域都并不罕见，这便是IP的魅力。

内容越垂直越容易建立信任的基础，这是做IP的起始条件。而垂直内容之外的衍生线，则更能展现多维度的魅力，探索舒适区之外的新可能，能够让粉丝看到一个立体的人或者一个立体的品牌，这是普通粉丝最终变成忠实粉丝的检测仪和加速器。

因此,定位的第一步就是充分了解自己,找准做内容的根基,然后在此基础上不断探索,如同大树一样,随时准备长出新生的枝丫!

2.1.3 寻找人设和定位

在了解人设的定义后,具体实操过程中该如何寻找到适合自己的定位呢?自己的形象又该如何打造呢?接下来我们将详细讲解具体的操作方法。

找到你的起始赛道

无论是个人、商家还是品牌,做好定位,充分了解自己是前提。

我们无须刻板地把自己划分成搞笑类、健身类、美妆类、美食类、知识类……的博主。在一切尘埃落定之前,你无法预知做哪一类内容更加精准有效,即使你是专业的金融理财师,可能到最后火起来却是因为生活分享类的内容。

定位是否精准,要深挖,这里给大家提供一套定位的小方法,如图2-3所示。

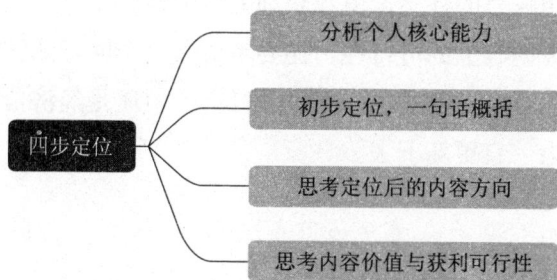

图 2-3　定位与赛道的确认步骤

步骤一:按照以下五个维度,找到你的核心能力或要素。

(1)社会标签:描述在现实社会中的身份,比如传媒硕士、彩妆师、瑜伽教练、斜杠青年……

(2)性格特征:在内心中,你给自己打的性格标签,比如开朗、活泼、冷静、幽默、脆弱、自信……

（3）外形特征：真诚的审视自己，概括出自己的外形，惊艳的嘴巴、平凡但舒服的面孔、有特色的眼睛、八块腹肌的好身材……

（4）兴趣和愿景：哪些事情是不会感到疲惫和厌烦，哪怕毫无所得，也愿意一直做下去的……

（5）独家经历或优势：我有但别人没有的因素，比如我的职业是小众的能量教练、我从180斤瘦到了120斤并且没有反弹、我拿过含金量很高的舞蹈奖项……

在这个步骤的时候，大家一定要真诚地面对自己，因为你写下来的一切，性质都是中性的，无所谓好或坏。

步骤二：初步定位，一句话概括出自己的角色。

通过上面对自己核心要素的拆解，实际上你已经充分了解自己，这个时候，你会对这些要素自然而然产生优先级。而当你用一句话把这些要素串起来的时候，你在小红书或其他新媒体的角色画像就初步勾勒出来了。

步骤三：设想在这个定位下，自己可做的内容。

定位好之后，根据定位列举出可以做的内容选题或内容方向，检验这些内容能否无限延展。

步骤四：设想账号的社会价值和获利的可能性。

确定好账号在内容上的可行性，还要考虑做这个账号能够带来的价值，以及为了价值转换需要付出的成本，无论是社会价值还是经济价值，只有产生了价值，才会有动力一直更新下去。

2.1.4　账号定位的四大步骤

以下通过一个小红书平台的虚拟案例"小Q姐"，来为大家讲解账号定位的具体步骤。

步骤一：确定小Q姐的核心要素。

小Q姐就职于一家著名的媒体公司，做创意总监五年了，因为总是昼夜颠倒的高强度工作，年前的时候突然患病，幸亏发现得早，抢救回来，从病榻上醒来的她突然明白了生活的意义，不仅开始注意生活规律和饮食，不服输的她还在医生的监护下一边治疗一边健身，很快病床上躺出来的肉就变成了马甲线，她想将正确的生活方式和积极向上的生活态度传递给每一个与她相似的人，探索高压之下女性健康生活的可能性。

小Q姐分析自己的核心要素如下：

（1）社会标签：著名媒体公司创意总监、女性病患。

（2）性格特征：不服输、坚毅、积极向上。

（3）外貌特征：拥有迷人的马甲线。

（4）兴趣和愿景：传递女性正能量，探索高压女性健康生活的可能性。

（5）独家经历：身患重病，在病床上练出马甲线。

步骤二：小Q姐的初步定位。

经过上一个步骤对自己的探索，小Q姐心中对这些要素产生了优先级的排序，她发现自己最想呈现的是她的患病经历和积极向上的生活态度——讲出自己的故事本身就是一种释放，而她也希望能够通过自己的真实经历，告诉那些跟她一样处在高压工作下又遭受病痛打击的女孩子，只要直面困难，大家都能美丽自信、健康松弛的生活。

于是她把自己的角色定位为一个热爱生活的美丽女性，她经历过常人没有的病痛，却依然积极向上，回到了正常的社会生活中，并且游刃有余地处理着繁忙的工作，过着精致美好的生活。

初步定位的过程是一个完全自我的过程，假设在小Q姐心中，这些要素换了一个优先级，她也可以拥有健身博主（外形——拥有马甲线的好身材）、知识博主（社会标签——五年创意总监）等新的可能。

步骤三：小Q姐的内容设想。

> 小Q姐确定好上面的定位之后，她发现如果由她来做一个女性正能量账号或者说女性意见领袖，可以呈现的内容完全不用限于某个领域，而是分成两个大类：
>
> 特殊群体在治疗过程中的心态建设、运动技巧、健康饮食、病愈后可以使用的染发剂、护肤品……
>
> 她在传媒行业的工作状态，日常的穿搭和经常阅读的书籍……
>
> 这两个内容方向都可以作为分享的内容，传递她想表达的精神态度，并且是可以无限做下去的，每一个方向她都可以短时间想到10个以上的选题。

步骤四：小Q姐的社会价值和经济价值。

> 想好了可以做的内容方向，小Q姐确定这样的内容是可以带给女性力量的，符合社会公序良俗，即使无法产生盈利，只要能够产生正向的引导，她都愿意一直做下去。而且这些内容前期投入很少，她只需要一部手机、一个支架、一台收声器就可以开始行动。
>
> 而身为传媒公司创意总监的她，也深知获利的逻辑，她计划在时机成熟的时候通过直播带货的方式分享优选的健身好物、健康食材、特殊人群的护肤品和保养品……并且考取瑜伽和营养师证书，利用小红书的知识付费功能做系统的健康课程和女性社群，并且她也相信，拥有原创能力的她之后还会有大量优质的品牌来找她合作。
>
> 于是，她真的开始行动，不仅有了副业收入，还给很多有相似经历的人带来了重新面对生活的勇气，成为很多人的精神力量。

以上就是关于定位的四个步骤，可能看完之后仍旧很懵，因为"我不了解我自己可怎么办呀？"别担心，后续的内容我们会继续沿着"定位"的主题探讨，帮你从其他角度厘清思路。

2.1.5 学会逆向定位账号

每个人的思维方式不同，了解自己的程度也不同，如果按照上面梳理人设找到定位的方式很难入手，我们还可以用倒推的方式来找寻定位。也就是通过制订运营目标，让脑海中拥有清晰的图景，将账号具象化出来。

就像射箭一样，拉弓之前我们先要找到靶子。开始这一步之前，大家要先问问自己，做小红书，是单纯分享还是只想赚钱？

如果你是单纯为了爱好，那就简单，大家可以直接跳过这一步，选择用兴趣作为账号方向，找到对标的账号，在小赛道切入即可。

但如果你的目的是想赚钱，那么就要选对赛道来比赛。美妆、穿搭、游戏、科技、母婴、阅读、健身、个人成长……不同赛道的获利能力和机会是天差地别的，选对方向可以让你在其他方面少付出一些努力，而收到的回报却会更多。

我们可以从以下三个角度来甄别赛道，如图2-4所示。

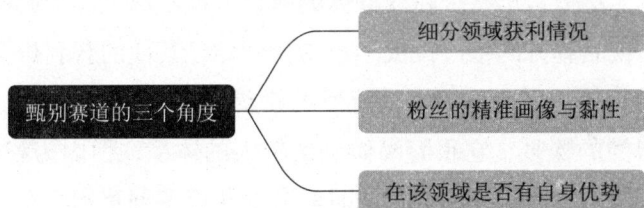

图 2-4 甄别赛道的三个角度

1. 了解细分领域获利情况如何

一个赛道获利能力的好坏，取决于三个因素——这个赛道的粉丝群体的消费习惯、消费能力和消费渴望。

最理想的赛道对应的用户，应当是容易受到消费刺激，同时具备高消费能力和高消费渴望的。

举个例子，为什么小粉丝基数的母婴号也很容易挣钱？

这是因为垂直母婴号背后群体是三十至四十岁的新生儿母亲和五十至六十岁左右的奶奶姥姥，全部都是女性消费用户（有冲动消费习惯），手里掌握着家庭消费大权（消费能力高），并且对于新生儿有非常强烈的爱意（有强烈的消费渴望）。这是小粉丝基数的母婴号相对更容易获利的原因。

同样，切换成美妆赛道也是如此。美妆赛道也容易挣钱的原因是美妆产品的消费人群是女性用户（容易受到消费刺激），并且愿意在变美丽上高额投资（高消费渴望、高消费能力）。我们经常可以看到，很多粉丝稍有体量的搞笑博主、知识博主、旅行博主……转变内容方向或者开小号做美妆，就是这个原因。

2. 了解细分领域的粉丝精准画像及黏性

要看这个细分领域的粉丝，是否有精准画像以及粉丝黏性。

正所谓有的放矢，能够具象化那些虚拟关注者背后的信息，多掌握一分，就多一分获利的希望。

比如很多培训学院的账号，模特培训、教练培训、英语培训……粉丝数并不是很多，但是在获利上却相当可观，这是因为，在开始运营小红书账号之前，这些机构就已经对自己的潜在消费人群了解的一清二楚。那么只需要稍加引导，就能吸引有效付费粉丝。

但倘若你无法分析出整个粉丝群体的特点，摸不透关注者们的消费习惯和想法，那么不仅品牌方的推广投放不容易找到你，其他的获利机会，诸如知识付费和直播带货等，因为你不了解背后的粉丝偏好，相对而言也会实施困难。比如影视剪辑类的账号，它很容易做到比较大的体量，但因为粉丝来得容易，关注人群就可能比较广泛，商业化的时候就要花更多创意和心思。

另外，粉丝的黏性也很重要，每个人的时间精力是有限的，粉丝愿意分配给你多少时间和金钱，取决于她对你账号的黏性，没有黏性的账号最后都会成为关注列表中同质化的账号。

还是拿影视剪辑类的账号举例，粉丝之所以产生关注行为，可能仅仅是因为你的视频片段中出现了她喜爱的明星，跟创作者本身并没有任何情感上的交流，换个账号发同样的明星视频片段，她就会关注另一个账号，这个时候，引导她为了你的内容产生付费行为就比较困难。而反观黏性高的账号，以与笔者有过一面之缘的颜值类博主"辉某仔"为例，因为用户关注他是因为对他这个人有好感，在他只有1 800名粉丝时，各种商业推广就已经连绵不断了。

3. 衡量细分领域有没有体现你自身的优势

获利前景再好的赛道，如果创作者本身没有竞争优势，无论投入多少时间精力，也激不起大的水花。当你选择进入某个领域，一定要看自己有没有在这个领域影响他人的能力。在充分认识自己的基础上，找出自己最能"打"的部分。什么是你有但别人没有的。什么是你司空见惯，但别人在短时间无法做到的。无论是独家经历、特殊技能，还是身份背书、外貌特点，都是你的核心武器。

举一些例子，假如你有过短时间内健康减重40斤的经历，那就代表你有一套成功的瘦身方案，你就可以选择瘦身的赛道，来切开内容的口子。假如你有过二本院校考研上岸的经历，那就说明你很有学习力，你就有可能在学习博主中放大自己的差异优势。至于显赫的身份背书，更加是跑赢细分赛道的利器，笔者关注过一个与自己生活相关度几乎为零的钢管舞老师welf××，之所以产生关注行为，仅仅是因为她在简介中写了她是"目前代表中国在国际上取得冠军最多的钢管舞女舞者"。

千万不要在意这个赛道可能会暴露你的缺点。"金无足赤，人无完人"，很多人在选择赛道的阶段就开始打起了退堂鼓，比如虽然我瘦了40斤，可我还是不够瘦，怎么能选择瘦身的赛道呢？我虽然考上了名牌大学研究生，可我是擦边球过线的，怎么能传授成功的经验给大家呢？

不要死盯着缺点，在做小红书初期，绝不能等到补足了缺点再行动，只要这个赛道能够放大你的优势，那就围绕优势生产内容，实现快速上路才是关键。

经过这三个维度的思考，选好赛道后，直接找到对标的账号，分析该细分赛道下账号的共通点和已经做到Top级别的头部博主/账号的特色。然后我们还是要走一遍上一章讲述的定位步骤，通过分析自己的核心能力要素，细化在该赛道中的角色特质，这个也算是一种变相了解自己的过程。很大程度上，这是为那些不是很了解自己想做什么的博主提供挖掘自己更深层想法的一次机会，让自己的想法充分地暴露出来。这一步也能够检验我们对账号未来方向的信心和决心。

至于这个赛道在当下内容市场的稀缺性如何，到底有多少人做，做了多久，里面有多少大博主，是红海还是蓝海……这些根本无关紧要。比如美妆和穿搭，本身就已经是诸强竞争，没有足够的差异化，相对而言就会比较难突围。但那又怎样呢？发挥你的聪明才智，你仍然可以找到更巧妙的方式介入，比如美妆+八卦聊天、美妆+吐槽段子。只要你想，永远可以创造出更精彩的内容形式。

2.2　定位的落实：让人一眼记住的小窍门

你的昵称、头像、账号简介……明确地代表了你是谁。前面我们探讨了定位的内在逻辑，现在我们要把定位通过这些细节具象化出来。

2.2.1　昵称

想好账号定位了，该怎样为账号命名呢？

企业/商家或品牌账号的命名最为简单，适当删减或添加关键词，直接用自己本来的名称就可以。一群人有组织地做一件事，命名方式也很简单，可以直接用策划的事件命名，比如：100个中国女孩的家、而立计划project30、天才职业故事。

而对于个人IP，这个其实没有统一的标准，昵称虽然是账号内容或者IP特点的高度浓缩与呈现，但制定昵称这个环节是非常有自由度的，不仅仅是因为昵称是可更改的，可以随着账号的成长和改变适当调整，更重要的是它代表了你在网络世界的一种身份，因此要符合你个人的文字审美和喜好，能让自己产生代入感。所以尽量满足以下三点需求就可以。

1. 一定要有利于增加曝光度

除非能产生特殊联想，最好不要有过多的生僻字和过于复杂的英文。否则后续获利，即使你的个人影响力足够，品牌公关也很难把你放在首选，为什么呢？因为你的昵称实在太难读写！增加了工作人员的办公成本。同样的，因为读写障碍，用户在网络搜索你，人际传播中谈论你，都会受到影响。所以按照这个逻辑，建议昵称也不要过长，控制在七个字以内最佳。

在这里值得一提的是，在设置昵称时关键词的布局也非常关键，如果能巧妙地将名字与关键词结合在一起直接决定了账号的曝光和引流效果。这一点也是经常被忽略掉的。我们在起名字时通常会过于风格化，选择一些英文或者含有特殊字符的名字，这样不仅会影响用户对你的记忆程度，还会导致用户在搜索时你的账号无法得到曝光错失流量。

2. 一定要有利于增加辨识度

不要复杂拗口，也不要过于随意，尽量避免那些容易重名的昵称。比如一些特别常见的英文名和英文名的音译，如Emma、安娜之类，尽量就不要用了，因为它们虽然易被识别，但一搜有很多人，别人根本分辨不出来哪个是你。

3. 尽量展现个人特色

充分暴露你想呈现在网络世界的特质，展现你是谁，你要做什么，方便粉丝看到名字就能产生对账号的直接联想：特点、性格、技能、职业、目标、爱好、地理……要便于个人人设的建立。

比如账号名称为"爱健身的陈自律"，就充分地展现了人物的特点（自律）和爱好（健身）；又比如"京城小丸子"，可以体现人物所在地理位置（京城），可爱短发女生（小丸子）。

下面是笔者提供的一些关于个人IP命名的公式：

（1）职业/身份/产品+昵称，比如：能量教练CieCie、陈顾榕瑜伽、脱不花讲沟通……

（2）性格/情绪+花名，比如：刘豆豆不怎么逗、躁动的moom、励志的安子薇……

（3）中文昵称+英文名，比如：Constance雷雷、多老师Dora、小粽子Selina……

（4）人物特点+昵称，比如：黑头发的Gina、肉脸喵喵、圆脸木木……

（5）人物昵称+空间营造，比如：Jacy的小宇宙、林安的会客厅……

也可以随意一些，采用以下五种方式：

（1）化用你爱吃的食物，比如：六个葡萄、奶茶界的米奇王、奶卷金橘……

（2）化用你喜欢或所在的地点，比如：邱巴黎Paris……

（3）名字的谐音梗，比如：壶提提（胡婷婷）……

（4）喜欢的影视或书籍化名，比如：小鱼海棠、不凡的阿凡达……

（5）自己的愿望，比如：唢呐瘦了没……

这里要提醒大家一点，如果你的内容同时分发到其他平台，尽量做到全网同名，切勿增加用户的搜索成本！另外，昵称不是一成不变的，假如你有固定的直播或促销活动，也可以根据需求更改昵称，比如丸子笔记（每晚7：00直播）。

2.2.2 头像 + 背景图

小细节，也可能发挥大作用。头像是账号的标志，作为陌生人点进你的主页入口，头像必须得看起来足够吸引人。而进入主页后，一张干净清爽的背景图，也会让用户更愿意在你的主页多做停留，增加点击其他内容的概率。因此，我们在这里要简单地讲解一下头像和背景图的选择。

首先，头像的选择可以遵循以下四个标准：

（1）要有利于视觉上的识别，足够风格化且有印象点，也要能展现特点。比如舞蹈演员的头像要足够美，能露出面部的舞姿为佳；段子手的头像要足够抓人眼球，最好是能放大五官特色的近距离面部特写。

（2）尽量不要用背景太过杂乱或者中心人物跟背景边界不清晰的图片，要能突出视觉中心。比如穿着大地色衣服的模特站在土坡上，就不是一个好选择，用户划屏是很快的，在他们的眼中，这只是一个棕色色块而已。

（3）图片四周留出足够的空白，避免上传时裁掉画面中心物体，比如明明是萌妹子的肖像，但是脸被裁掉小半个；明明是舞姿的展示，但是腿部被裁掉了；明明是文字，但是边缘都被裁走了，这会让人视觉上很不舒服。

（4）除非画面主体是水滴形、心型、人物剪影等特殊形状，否则不要用白底图片。当用户在浏览内容时看到你，头像是显示在白色背底上的。所以白色会消失在浏览框中，容易没有边界感。另外，在画面比例上也会吃亏，想象一下，别人的头像是粉色底黑色文字的商标，用户接收到的信息是一个完整的圆形图。而你的头像是白色底黑色文字的商标，与整个标题栏都融为一体，到底哪个更显眼呢？

那么落实到具体情况，我们还是分为两种可能进一步探讨。

1. 品牌或商家账号的头像选择

以简单、可识别为标准，建议采用自己的品牌标识或者拟人化的动漫形象。

背景图则要与商标呼应，至少在视觉观感上做到和谐。选用跟商标色搭配，不突兀的商品照片、概念照片或者主IP（视频中主要出镜者）照片等均可。

2. 个人IP的头像选择

找到头像与昵称的关联，按照自己的喜好选择即可。不过，为了更好地树立IP，建议使用自己本人的照片或者以本人为原型设计的动漫形象。

如果不愿意采用本人形象，采用自己视频中出镜的宠物（假如宠物在你的视频中占有非常大的比重），自己喜欢的影视形象（假如你是影视号、时尚号等），自己做的糕点（假如你是厨艺达人）也可。

不建议用好看但无关联意义的图片，比如影视号非要用风景图，就会显得很奇怪、不专业。

但是无论是哪种头像，在选择时都要考虑到头像本身在小红书App上展示的场景。用户看到你的头像，一般都是被某条视频内容吸引之后，点击进入到个人主页想要详细了解你的时候。在我们的个人主页界面，展示的效果是左侧头像右侧昵称，这样的展示方式就像是模拟初次见面打招呼时的场景，一个人突然出现在你的面前，说出了自己的名字并进行自我介绍，如图2-5所示。

图 2-5　头像案例

所以要想让粉丝在第一时间就喜欢你，那就一定要让头像和昵称相互搭配形成互动，让粉丝一看就感觉是一个真人在友好地和她打招呼，要让观者产生与"人"交流的亲切感。这里就要介绍一个头像的设计法则：逆向构图法。

在进入主页后，我们的昵称是在右侧的，那头像的整个主体是向左倾斜的话，就有一种面向昵称的感觉，这样就恰好可以让名字、昵称、简介、更多信息形成强烈的互动关系，强化个人IP形象。

2.2.3　账号简介

正所谓"简介写得好，粉丝跑不了"。虽然只是短短几行字，但在粉丝发生关注行为中起到的作用可不小。仔细想想看，我们平时关注某个博主，第一先是被它的内容吸引，果断关注。但这种情况毕竟是少数，我们往往还会点进她的内容主页看一看。这个时候，如果你的简介足够出彩，就能够大大增加被关注的概率。其实很多时候，用户并没有耐心浏览你的全部内容，就是单纯因为简介的内容而关注。

写账号简介，我们要注意以下五点。

（1）不要过长，要分段或者在文字中间添加"丨"等分隔符。如果密密麻麻都是字，用户是没有耐心看完的，你写的简介也就被浪费掉了。

（2）善于利用绘文字（Emoji）表情和符号。这样不仅可以美化简介的呈现，还可以隐晦地表达一些特殊的含义，比如微博的Emoji表情就可以含蓄地传达你的微博账号信息。

（3）要尽可能呈现最重要的信息。比如你的职业标签，你可以提供的帮助等。如果仅仅打上"分享生活""热爱生活"等过于简单的标签，就等于白白浪费了引流的机会。

（4）要尽可能呈现用户最有共鸣的信息。比如健身博主或穿搭博主可以写上自己的身高体重，美妆博主可以写明自己的皮肤状况，宝妈可以写上自己积极生活的座右铭，等等。

（5）如果已经有了获利的方式或目标，建议加上引流语句（不要直接留微信或者引导用户私信留言，会被平台判定站外导流，写明你能提供的服务即可，用户自然会找到你），比如"免费体态评估""达人孵化，有问必答"。也可以预告自己的直播或促销活动，比如每周一、三、五晚7：00直播，让用户主动找到你。

建议大家可以多多关注同领域博主，找到写简介的灵感。这里给大家提供一些撰写简介的通用方法，如图2-6所示。

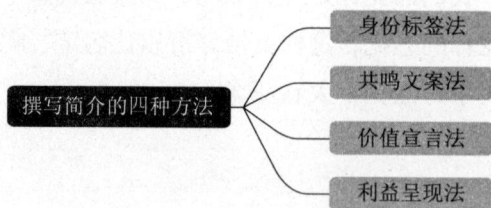

撰写简介的四种方法
- 身份标签法
- 共鸣文案法
- 价值宣言法
- 利益呈现法

图2-6　撰写简介的方法

1. 身份标签法

我是谁，我的独到之处/职业/成就/影响力是什么，我将持续输出什么样的内容和价值。

比如钳钳妈，如图2-7所示，她的简介是：174/55 kg，93年半全职妈妈，另一半留给运动和自己。

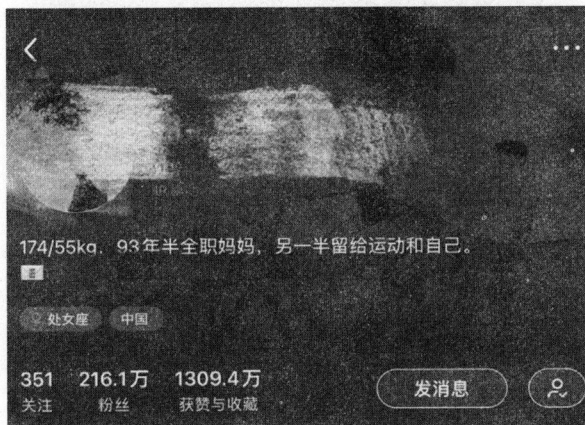

图 2-7　身份标签法案例

2. 共鸣文案法

结合自己的定位和账号领域，写上目标人群一定会感同身受的话。

比如美食号绵羊，如图2-8所示，她的简介是：对着油炸的卡路里许愿，贪吃不胖！

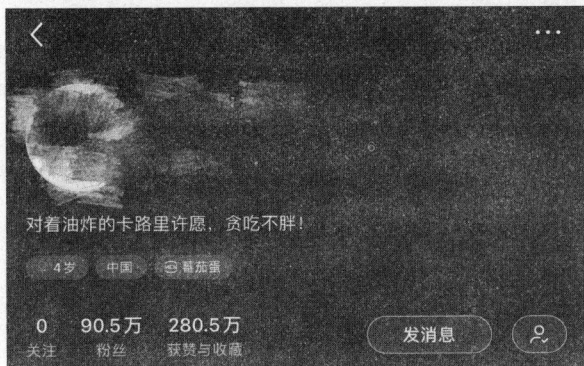

图 2-8　共鸣文案法案例

3. 价值宣言法

发自内心的布告自己的价值观、愿景。

比如雷雷，她的简介是：做全网最年轻的37岁元气美少女！瑜伽教学11年，全球500强企业御用瑜伽教练，驻颜逆龄，身心疗愈。瑜伽的本质是一种工具，支持我们，体验生命。

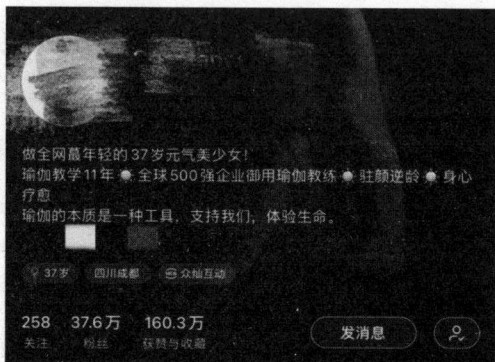

图 2-9　价值宣言法案例

4. 利益呈现法

写下你可以提供的价值和帮助，如图2-10所示，用户能够从你这里得到什么。比如，摄影博主的简介是：分享手机摄影技巧；美妆博主的简介是：半百老少年，手把手教你护肤变美。

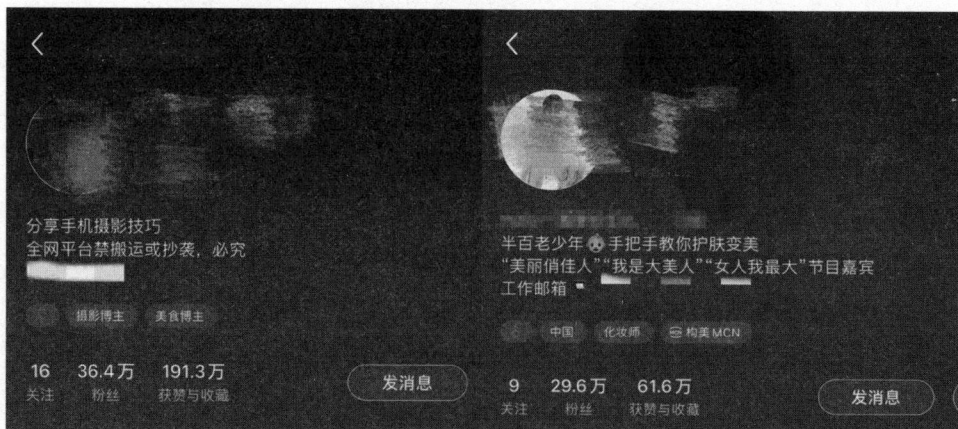

图 2-10　利益呈现法案例

以上举例皆是给大家一个参考，简介没有固定的框架，方法也可以结合在一起使用，只要表达清楚你想表达的，达成了你的特定目的，都是成功的简介。

2.3 定位的落实：主线、风格、调性的统一

开屏前四页，特别是主页第一屏，是一个账号一段时间产出内容的集锦，用户对一个账号的了解大都是从这里开始的。因此，主线、风格、调性的统一非常重要，它不仅仅决定了别人对你的第一印象。还决定了打开你的主页之后是否会进行后续的关注行为。

所以，对于画面、标题、文案风格、形象设计等方面我们都要特别注意，下面我们将分成两大板块来进行落地讨论。

2.3.1 视觉上的主线、风格、调性

首先是视觉上的主线、风格和调性，通过良好的视觉展现，把握住用户对账号的近因效应。

1. 封面

封面是观众认识你的第一印象，好的第一印象一定能够带来更多粉丝。打开一个账号，目之所及最先注意到的就是封面。

封面上的字体、图片、标志、色调、文案、人物大小等都会影响到用户对你的识别和认知。所以有固定的传播符号是最好的，每一个封面运用相似的元素、相似的色彩、相似的字体、相似的人物占比，让人每次看你的内容都能产生"熟人感"，可以节省用户的识别成本。而对于创作者而言，这也免去了每次构思板式的麻烦，大大节省了封面创作的耗时。

当然，总是保持固定的板式难免枯燥，用户也会产生审美疲劳，建议大家可以定期更换封面的板式。如果你恰好有高水平的创作能力，想经常发挥创造力，就要找到标志性元素，让自己更容易被识别和记住。举个极端的例子——运动博主Midori，她的每一张封面版式都不一样，字体的位置、主色调、字体样式等几乎没有相同的，但是大胆的配色、富有美感的排版、夸张的字号，再

加上一头标志性的绿发，使得用户可以一眼识别出来。

2. 场景

所谓场景的设计，就是想方设法通过物品或元素的摆放在内容中营造一种情景或一种氛围，让用户在浏览你的内容时可以有充分的带入感，帮助我们塑造差异化账号的定位。

构建场景时，有两大原则，第一就是要符合账号自身调性，第二就是要符合账号关注者的心之所向。比如运动博主可以在健身房拍摄，读书博主背后可以放一个书架，美食博主桌面上放别具风格的餐具……

如果想要丰富场景，那么可以把场景设计在固定属性的地方，比如自律型博主，可以在书房、厨房、图书馆、健身房、咖啡厅……任何具有积极向上意义的场景都可。但是要通过调色和版面设计营造出统一感，方便用户对你产生符合逻辑的联想。

无论是视频类内容还是图文类内容，所有的画面传递出来的感觉要和谐，每一条内容之间要形成感觉上的联系。图片与图片、内容与内容之间不可有过于突兀和跳跃的感觉。比如原本你的场景一直充满鲜花绿植，突然切换成"铜墙铁壁"的工业风，那么很可能丧失用户对你的识别性。

3. 形象

想要打造人物的魅力和风格，妆容、头发、服饰，都会影响到用户的感觉。还是那句话，形象要服务于定位。假设你是自律型内容分享的博主，但穿着睡衣，头发乱蓬蓬，这就很没有说服力。所以说，从发型、妆容、服饰穿搭这些方面都要有讲究，以塑造"感觉"、烘托"氛围"作为出发点去设计。

形象设计有三个原则：一是显眼，二是舒服，三是契合。

显眼原则。如果你仔细观察过小红书的博主，会发现很多人喜欢采用爆炸头卷发的设计，原因就是这个造型生活中不太常见，社交平台看到就会多瞅两眼。通过不太常见的发型、发色、妆容、配饰、穿搭，让人在人群中一眼认出是你，这便成功了第一步。

显眼原则做过了，就会容易让人反感。这个时候我们还要遵循舒服原则。比如一直戴着墨镜、口罩的造型，或者鸭舌帽压得很低，除非潮酷风格的博主，很容易造成一种这个博主畏畏缩缩，不敢以真面目示人的感觉。再比如打鼻环、眉骨钉等装饰，也会劝退一批原本可能对你内容感兴趣的用户。因此在设计形象时谨记一点，可以亮眼，但要接地气，让更多人能够接受。

除此之外，你的外形还要契合你想表达的内容。比如知识类博主外表要看起来干净利落，穿简单大方的职业套装就很合适。科技数码类博主看起来要数码风，穿合身的格子衫或者戴黑框眼镜更能营造这种专业的感觉。其实，也就是找到用户脑海中的刻板印象，然后把自己的形象设计无限的靠近。当然，你也可以剑走偏锋，无限远离这个刻板印象，比如一个素面朝天的美妆博主也很能收获粉丝的好感。

2.3.2 内容上的主线、风格、调性

所谓内容的主线，不是要确定一个固定的内容模式不能更改，而是你要给用户一个期许，告诉他们关注你，下次可以看到稳定的、更精彩的内容。这就需要我们给到足够多的暗示或线索。告诉大家你的身份、定位、正在做的事情、关注你可以获得的利益点，不管选题怎样变，你传递的感觉、价值观一定是统一的。

举例如下：

> 你是一个成长型的账号，那就用内容呈现你的成长变化。比如胡某馨，她说要立志做"最美圆脸"，不仅公布了作为一个普通女孩10年变美逆袭血泪史，而且在她的视频中，你能感知到她的人生一点点变丰富、变美好。
>
> 你是一个专家型账号，那就用内容展现源源不断的干货。比如鹤老师，用大量实例集中讨论经济学内容，每一篇都会让粉丝感觉收获良多。
>
> 你是一个兴趣型账号，那就让用户可以在你的内容中充分满足猎奇心。比如陈某山，专注讲名利场的生活；硬糖视频，专注科普后青春期两性知识百科。
>
> 你是一个搞笑型账号，那就让用户可以在你的内容中收获快乐。

比如配音账号植某椿，通过诙谐有趣的段子，收获了一批又一批的粉丝。

你是一个地域色彩浓重的人物，那就让用户可以在你的内容中了解乡野文化。比如康仔、茂茂，但凡打开视频，就会感慨村野生活的质朴美妙。

你是一个观点型的人物，那就让用户可以在你的内容中看到先锋思维的碰撞。比如产后漏尿、卫生巾自由、青年负债……在这里你通通可以看得到。

你是一个纪实采访型的账号，那就让用户在你的内容中可以看到不同人群的生活状态。比如不普通实录、北京青年访谈录，都是稳定输出采访纪实类内容的账号。

不要什么火就发什么，也不要今天发这个明天发那个，凡是不符合近期定位，且无重大意义的内容，通通可以删掉。

除了内容选题，另外在创作的外在展现形式上，标题、文案、剪辑风格、音乐选择等方面也要格外注意风格、调性的统一。

你可以利用标题展现内容的稳定性，每个标题都采用固定的格式，比如添加固定的符号、特定的Emoji表情、数字序号的排序（No.001，No.002……），这样可以产生系列感，用户看到后主观意识还没反应过来，已经条件反射般打开你的内容。

文案也要有固定的风格。文艺、搞笑、犀利、治愈，不能让文案跟画面、个人形象、分享主题之间产生脱节，且尽量不要标题党。可以根据定位设计有自己标志性的语句，比如瑜伽博主Rosie的标志性结束语是：关注我，带你练点更好的。用户听完，就像得到了瑜伽练习上的品质保证，会有放心的感觉。

剪辑风格、音乐选择同样如此，后面还会有专门的章节跟大家一起来探讨。另外你也可以利用小红书的置顶笔记功能来巩固用户对你的特有印象。当观众点进你的主页之后，最先看到的笔记就是置顶的内容，所以只要解锁了置顶功能，就一定要马上利用起来。

第 3 章
选题策划

讲完了定位，本章开始进行执行的步骤，这一章我们将集中讨论有关选题等创意策划的环节。熟悉本章的内容，可以帮你在运营小红书一开始就更加省力，更加轻巧。

本章主要涉及知识点有如下方面：

- 优秀选题的构成要素。
- 确定选题的原则。
- 快速找到选题的方法。
- 建立个人选题库的方法。

3.1 掌握选题技巧：爆款内容源源不断

选题，是解决内容从哪里来的问题。

俗话说，好的选题是成功的一半，每个创作者都逃不过被"选题"支配的命运，选题找的好，不仅能让内容更容易、更高频的被用户所消费，并且对于创作者自身而言，选题构思越精巧，创作内容时就越轻巧。选题精彩甚至能让用户忽略内容上的不足。但遗憾的是很多博主把时间更多地花在文案、剪辑和排版技巧上。在内容输出一段时间之后，那种产出困难、灵感枯竭的滋味便涌上心头。

所以选题怎样才能够频出爆款，内容源源不断呢？

3.1.1 优秀选题的构成要素

笔者在大学学习新闻传播学的时候，曾经学过新闻选题这门课，一个优秀的新闻选题，广度、角度、深度、速度至少占一个，如图3-1所示。在笔者看来，做短视频或者做内容的时候，其原理也是相同的。

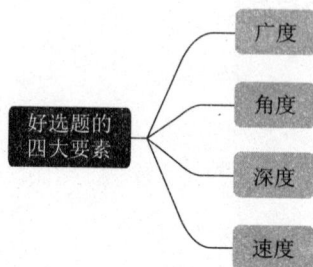

图 3-1　好选题的四大要素

1. 广度：调整选题的覆盖面

广度约等于覆盖人群。一个选题，它能覆盖的用户群体越广，可能得到的曝光机会就越多。在小红书平台上，凡是点赞过万，甚至几十万的大爆款，基本上都是大多数人关心或好奇的议题。

往往越专业的垂直类博主，因为知识体系庞大，选题过于专业精细，更容易吃广度的亏。比如同样是运动垂直类的选题，很多大神级别的瑜伽老师，太想原原本本地把知识输出，结果"骶髂关节功能紊乱"都成为选题，但其实跟"慢性腰背痛"讲的可能是同样的内容。因为后者覆盖的人群更广，在同样的内容质量下，后者的阅读数、点击率、涨粉情况都可能更好。

2. 角度：调整选题的切入点

第一种情况是，选题过于直白，几乎没花心思在切入角度。比如，把"高效学习方法"作为选题，泛泛而谈，用户感受不到重点。切换成自身真实经历的角度，"1年拿下15所名校的学习方法"，传播效果就会更好。

第二种情况是，选题的切入角度是否足够创新。所谓创新不是让创作者们无中生有，绞尽脑汁想别人还没有做过的选题，而是只要跟同个垂直类的博主相比，在特定的框架下是有突破的，那就是做到了创新。比如同样是"秋冬穿搭"，前者毫无个性，但你做"拯救秋冬雷品的穿搭"，废物利用，一下子就与众不同了。

3. 深度：增加选题的内涵

传播不是覆盖而是渗透。看完你的内容，用户可以受到多大冲击？能够激发用户产生多大的共鸣？能够在用户的记忆中留存多久？问题的关键，在于找到那个用户的痛点、敏感点，然后向下深挖。你的痛点越深刻，内容就越吸引人。

还是拿运动垂直类举个例子，同样是科普翼状肩胛，一个选题是"翼状肩胛的成因和危害"，另外一个选题则是"你可能不是驼背，而是翼状肩胛+平上背"，你觉得哪个更吸引人呢？显然，前者给人的感受不痛不痒，看与不看都可以，但后者，不仅笔者自己会看，还会转发给身边同样有翼状肩胛和驼背问题的人。

4. 速度：增加选题的热度

爆点式的事件，时效性越强，能激发的水花就越大。热点+速度+定位，一个好选题就出来了。甚至有的时候热点追得快，还能让人忽略内容上的不足。

比如某选秀节目的成团夜，在节目播出当天，很多单纯的视频片段在小红书上的数据都特别好。但等到一周之后，就需要找特定的角度去解说，才能够博得同样效果了。

用这种方式辅助选题，需要多多注意搜索引擎的热门推荐、突发热点，至于固定热点，可以在网上搜索一年的营销日历。

3.1.2 确定选题的原则

有原则的进行选题，可以保证内容产出的稳定、有效、持久。在发布了300余条笔记之后，结合笔者自己的运营经验，总结出了下面四个辅助选题的原则，希望能够帮助大家拓展一些选题时的思路，如图3-2所示。

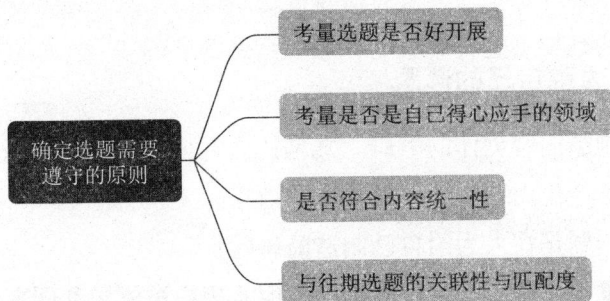

图 3-2　确定选题需要遵守的原则

1. 要寻找有利于开展的选题

比照自身的经历和能力，选题可分为一次性的选题和延展性的选题。

一次性的选题是跳着找的。比如，你从来没有胖过，也没有帮助他人减肥的经验，但是想把"搞定减肥中的消极心态"作为选题，这种选题就没有延展性，做一次效果不好就很难做下去了。也许下一次的时候，明明运动穿搭的方面了解不是很透彻，又开始做"运动穿搭种草"。一次、两次，即使选题都在一个大类里，也没什么相互关系，时间久了就会觉得选题很困难。

而延展性的选题是稳定的。伴随着内容的产出，一个视频完结之后，它能够引出一连串其他的相关选题，最后甚至会开辟出全新的内容方向，能衍生出许多分支主题。采用横向延展、纵向延展、对角线延展的方式都没有问题。比如仍然是"减肥"这个选题，你真正的胖过又瘦过，了解背后的理论，减肥就是一个很容易展开的选题。

（1）横向延展（在同一维度上进行延展）：瘦身经历分享、如何逼自己瘦下来、瘦身食谱、瘦身训练、如何瘦大臂、如何瘦小肚子……

（2）纵向延展（向下溯源，向上生长的延展）：向下溯源——为什么你总减肥却瘦不下来，减肥的底层逻辑是什么；向上生长——减肥后我都收获了什么，我是如何保持减掉30斤不反弹的，瘦下来皮肤松弛怎么办。

（3）对角线延展（往相关大类探索）：沿着美的对角线探索——瘦下来才知道自己有多美、好身材的意义；沿着内在提升的对角线探索——瘦下来变得更自律了，瘦下来改变了能量场。

所以搞定一个选题，一段时间的内容都有了。并且视频发出后，因为多角度阐释了同一个问题，用户对你的认知还会更立体，更容易将普通用户转化成忠实粉丝。

2. 不要找为难自己的选题

不要人为制造内容创作的障碍。凡是让你觉得为难的、不舒适的、痛苦的选题都不要碰，产生内耗却达不到相应的效果。

什么样的选题是在人为给自己制造障碍呢？

比如你想拿工作中的槽点作为选题，但又担心被领导和同事看到或者担心影响未来就职时新公司对你的判断；比如你想分享读书笔记，但是每周都读一本书太难坚持，只能迫于压力半途放弃；比如你想分享自己的糟糕经历，但是目前你的情绪很不稳定，每做一条内容就等于撕开一道刚愈合的伤疤……这些选题统统不要碰！

做内容本身就要面对很多压力和挑战，选题既然是能够自己把控的事情，那还是让自己轻松一些。另外也不要试图挑战刁钻选题或者容易产生争议的极端选题，一旦踩了平台红线或者用户的敏感点，那就得不偿失了。

一句话总结：选题一定要自己喜欢的、有兴趣的，愿意分享给朋友或家人的，在知识储备、个人专长和物质条件等方面均有优势，以及需要经过相当程度的努力但又在胜任范围之中的。确保自己有足够的观点、能力来去制作，不给自己的创作之路埋雷。

3. 不要什么火就发什么

追热点很好，但硬追热点可不好。

用户关心一段时间里的热门话题，但并不代表着他们想从所有博主那里看到，用户对博主在内心中是有考察的，好的内容要与用户的需求相关，一味跟风模仿强追热点，违背了用户的关注指标，反而适得其反。

比如有段时间"社牛症"特别火，小红书上有一个辣妈博主也去追这个热点，但她本身并不符合"社牛症"的形象，给人的感觉都是尴尬的摆拍，结果造成很多人的不理解。

所以不要单纯为了吸引粉丝而追热点，会让你的涨粉渴望赤裸裸呈现在粉丝面前，导致更多用户排斥你的行为。

4. 选题要做好内容配比

建构一个专属自己的内容框架是很重要的，划分足够清晰的选题边界，做好内容配比，才能呈现一个立体化的人设。如果100%都是垂直类内容，会显得很刻板，与用户之间有距离感；如果内容取材太广泛，又会显得比较随意，不利于获取平台流量。所以建议垂直类选题与跨品类选题的比例为8∶2，是一个比较合理的配比。

另外，你可以做多种类型的选题，但是记得分出版块，比如运动垂直类，你要做的垂直类选题有：燃脂训练、健身饮食、运动穿搭；跨品类选题有：自由职业、博主日常。在落地化执行的时候用标志化的元素来区分题材，比如橙色封面的是燃脂训练，绿色封面的是健身饮食，红色封面的是运动穿搭，蓝色封面的是自由职业，黄色封面的是博主日常。这样熟悉你的用户，一眼就可以识别是哪种类型的内容，增加你和用户之间的亲密度。

3.1.3 快速找到选题的八种方法

接下来，就要解决大家最关心的两个问题了：灵感枯竭怎么办？好内容从哪里来？在这里也给大家整理了八个比较常用的方法，供大家借鉴，如图3-3所示。

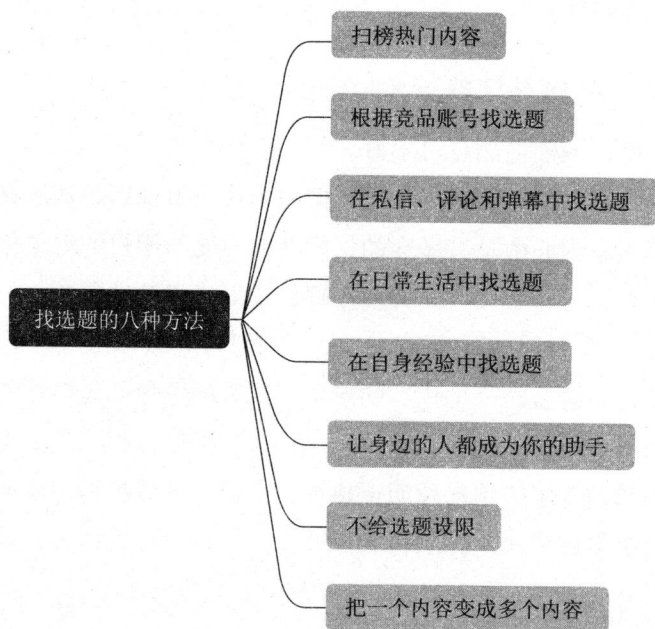

图 3-3　找选题的八种方法

1. 扫榜热门内容

看看平台上什么题材的内容最受欢迎，受欢迎的原因是什么，将核心要素收为己有。你可以自己主动去收集同个垂直类下的热门内容，也可以借助官方渠道，获得笔记灵感——小红书本身是有【笔记灵感】选题服务功能的！面向全站的内容创作者分享站内的热门活动、本周热点和经典话题。

查阅方式一，点进【创作中心】或【专业号中心】自行查阅。

查阅方式二，一键订阅【笔记灵感】，每周五更新后第一时间就能获得提醒。

具体订阅方式如下：

专业号作者：点击【我的】—左上角【≡】—【专业号中心】—【创作服务】—【笔记灵感】—右上角的铃铛图标，打开接收笔记灵感每周推荐。

非专业号作者：点击【我的】—左上角【≡】—【创作中心】—【笔记灵感】—【更多灵感】—【官方奖励】—右上角的铃铛图标，打开接收笔记灵感每周推荐。

2. 根据竞品账号找选题

找到你对标的账号，去看看别的账号都在写什么，从他们的内容中提炼选题的灵感和关键词。

筛选数据好的选题，对它进行新角度的阐述，形成自己的选题。

筛选出数据不好的选题，品一品到底真的是题材不行，还是切入的角度不行，如果是后者，对它进行选题角度的转换，形成自己的选题。

3. 在私信、评论和弹幕中找选题

好的选题不是凭空而来的，评论区、弹幕和私信是离用户最近的地方，听听用户们的想法，从他们感兴趣的点出发。也可以通过这种方式换位思考，如果你是他们，你想知道什么，想收集什么。用户越关心的内容，越具有成为爆款的基因。可能有人担心，自己的账号暂时还没有那么多互动怎么办？没关系，看别人的。总结评论里用户提及率最多的关键词，再根据这些关键词形成自己的选题。

另外，采用这种选题方式还有额外的好处，当你已经具备一定粉丝基数后，特别容易建立粉丝黏性——参考粉丝的建议，不仅能让粉丝们觉得跟博主之间是有互动、有交流的、被需要的；还能让粉丝觉得自己有想法、有能力、有话语权。之前帮瑜伽教培学院运营账号时，笔者在找选题时曾经满足了一个粉丝要缓解腰椎间盘痛的需求，结果她不仅成为忠粉，后面还陆续入手了4 000多元的线上课程，几乎把我们所有的小课都买下来了。

4. 在日常生活中找选题

好的选题藏在生活里，越是司空见惯的地方，越容易找到打动自己、打动别人的共鸣点。

一般来说，用户消费内容无非是满足四种情况：有趣、有情、有用、有料。

有趣，满足娱乐需求。

有情，满足情感需求。

有用，满足实用需求。

有料，满足社交需求。

这四种需求也是我们自己每天都需要的。按照这四个维度找选题，生活中的选题是源源不断的。

我们可以在浏览购物网站时寻找"有趣"的选题，看看其他同类平台最近销量优先的产品，到底是因为什么火了起来，有没有能借鉴的点。

可以在逛书店时寻找"有情"的选题，看看热销的图书究竟激发了哪些内心需求，可以让读者甘愿在电子阅读时代付费。

可以在浏览新闻时寻找"有用"的选题，看看大家最近都在操心哪些问题，有什么方法可以帮助化解。

可以在茶余饭后寻找"有料"的选题，听听大家谈论的话题，找到那些接地气又颠覆传统认知的点子。

所以，日常的每一个生活场景都可以成为我们发现选题的地方。

5. 在自身经验中找选题

好的选题藏在你的经验里，结合个人经历找出的选题会更加真诚，创作者不会无话可说，对用户而言真实经历也会更加具有参照性。有段时间，我们经常在小红书上看到"一个普通女孩的十年""我是如何攒到人生中第一个100万元"等内容，采用的就是这种选题方式。

现在，你可以闭上眼睛想一想，在你过去岁月中有哪些踩过的坑和高光的瞬间？如果一时间，你想不到有什么经历是特别想分享而别人恰好想知道的，你可以通过相关问题联想的方式，发掘你真正想说的话。比如，你的定位是学习分享型博主，就可以回想"你有过什么样的成就，怎样做到的？""你曾经踩过哪些坑，怎样克服的？""你都有哪些拿手技能，怎样快速学会的？"……你的定位是运动博主，就可以回想"身材焦虑的瞬间""爱上运动的契机""怎样解决了体态问题"……顺着自己的真实经历找选题，你的选题就会击中用户心灵。

比如笔者自己找不到选题的时候，就会对镜观察，根据"有用"的角度，看自己想改变哪些地方，然后"凹陷臀填坑""大腿根粗怎么练"这些爆款选题就出来了。

那些能让你开心难过的，也能调动他人的情绪；能让你觉得实用的工具，也恰好解决了相当一部分人的难题。关键就看你有没有一双善于发现的眼睛。

6. 让身边的人都成为你的助手

做内容，难免都会有思维僵化，陷入选题困境的时候。这个时候可不要坐以待毙，我们还可以寻求身边人的帮助。发起一次聊天，提出几个问题……在交流中，引导对方拓展你的思路，寻找选题的方案。

如果对方能提出让你惊呼叫绝的选题，这就是最好的结果。如果对方给你的答案并不是你想要的，你也没有浪费精力和时间，最差的结果，也是你通过这次聊天排除了一些你不想做的选题。

像笔者之前在做瑜伽类的内容，在找不到选题时，就会问我们的学员，"你目前练习中遇到最大的问题是什么？""你想通过练习改善自己的什么情况？"然后"快速一字马""倒立起不来怎么练""腹直肌分离怎么修复"这些爆款选题就出来了。

当然，你也可以把身边的人都聚合在一起，召开一个小型的创意会，当所有的聪明大脑集合在一起的时候，出现绝佳创意的概率会更大。笔者知道很多人喜欢独自头脑风暴，但这样创意可能会有所局限，因为每个人固有的思维模式和知识储备，有些角度和领域是无法涉及的。所以，大胆的发动身边的朋友吧，绝佳的天才创意都是在"百家争鸣"的基础上碰撞出来的。

7. 不给选题设限

万事万物都能成为你创作的对象，关键在于你是如何让它们跟你的内容发生关系的。这就好比，虽然是运动垂直类，笔者也会做"如何学会走路"这样的选题。当时做这个选题，是因为笔者发现虽然教大家如何走路一般是形体老师、模特老师更擅长的领域，并不适合健身博主来讲，但如果将选题的角度进行调整，用健身的理论来分析走路姿势的发力模式与运动轨迹，就变成了健身博主擅长的领域了，于是走路就可以成为选题。

另外自己已经做过的历史选题，也可以重新变成新的选题。这里有两个方向分享给大家，第一，某些选题数据好，为什么好，还可以找到什么样的方式介入？第二，某些选题数据差，为什么差，能找到其他的方式优化它吗？带着这样的思考重复选题，不仅可以化解内容瓶颈的危机，还能够借机验证自己的分析，确定自己账号飙红的底层逻辑。

落实到实际的操作上，可以采用思维导图的形式，漫无边际的自由发散，不仅非常适合梳理知识框架，而且能够激发我们的创造力。你可以在空无一物的白纸上，写出关键词，然后各个角度去扩展。也可以用思维导图软件（Xmind），直接选用树形图、括号图、流程图等现成模版，填上你要解决的问题，然后以此为基础向外延伸，逐项梳理。

8. 把一个内容变成多个内容

每个领域的关键话题都是有限的，既然内容可以被无限拆分，如果有一个选题真的特别好，是平台上的流量永动机，那么一定不要浪费，大胆地拆开它！

拿运动垂直类举个例子，瘦腿基本上每个月都是热门关键词，那么我们在选题的时候就可以参考以下三种拆解方法。

横向拆解（在同一维度上进行拆解）：瘦腿的亲身经验分享、瘦腿的三分钟带练、办公室能做的瘦腿练习、大腿前侧突出怎么办、大腿根粗怎么办、小腿粗怎么办……

纵向拆解（向下溯源，向上生长的拆解）：瘦腿的底层逻辑、发力不当对腿粗的影响、日常发力模式对小腿粗的影响、瘦腿为什么要练臀、瘦腿为什么要练足踝……

对角线拆解（往相关大类拆解）：沿着腿粗困扰的对角线探索——大腿围减少五厘米后，我实现了牛仔裤自由、腿细后走路终于不磨大腿根了……沿着工具使用的对角线探索——泡沫轴松解帮助瘦腿，弹力带在臀腿训练中的用法……

这样一来，就可以每个星期做、每个月做，传播好几轮。创作瓶颈自然迎刃而解。

3.2 创作永动机：建立你的个人选题库

在内容创作的进程中，灵感的迸发非常宝贵，身为创作者，我们可以没有内容库存，但一定要储备自己的选题灵感库，不要等到粉丝催更了再去匆忙找选题，让焦虑、混乱和拖延扰乱我们的创作进程。所以接下来，我们尝试用系统的视角来梳理选题，看能否用下面的方法实现稳定、持续、高效的内容生产。

3.2.1 有效搭建灵感库

聪明人"偷懒"的方式，是总比别人多做一步。所以机智的创作者早早就给自己建好了选题宝库，这是不会累的创作方法，即使不把自己榨干也能源源不断有好选题。搭建选题库不在于做的有多么精致，关键是对自己真的有效。通常笔者会分两个地方存放灵感，一个是小红书的收藏夹，另外是自己的选题表格。

1. 用好小红书的收藏夹

平时遇到好的内容只是点个收藏，结果等到下次要找灵感的时候，翻找起来就会非常困难。而提前建立好分类专辑，按照大类目整理剪辑技巧、灵感启发等板块，点收藏之后顺手把内容放入对应的专辑里，只需多花几秒钟时间，用的时候却能立马找到，选题时间就是这么节省出来的。

除了要提前分类，一般在收藏内容时笔者还会有以下两个原则。

（1）非必要不收藏。大量收藏跟没有收藏没什么区别，找起来同样困难重重，因此，高标准对待准备收藏的内容，除非是该内容能够帮助学习某方面的知识或者提供某方面的灵感，否则不要加入收藏夹。

（2）定期整理删除。一来，可以方便二次查阅，再次吸收激发你的灵感。

二来，可以帮收藏夹"瘦身"，减少每个大类目的收藏内容，只留下最重要的反复查阅。三来，多次整理，那些被你留下来的内容会帮助你对爆款内容的内核理解更深刻。

2. 建立专属自己的选题表格

除了小红书的收藏夹，笔者还有专门的选题表格，有灵感时就记录下来，随时增补，没灵感的时候按照大类梳理自己的想法，方便创作内容。下面是笔者在搭建和运用选题表格时的一些步骤，如图3-4所示。

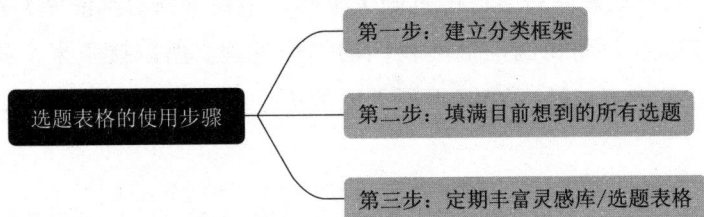

选题表格的使用步骤 — 第一步：建立分类框架
第二步：填满目前想到的所有选题
第三步：定期丰富灵感库/选题表格

图 3-4　选题表格的使用步骤

步骤一：建立分类框架。

首先，根据自己的定位建立一些专用标签，见表3-1，将选题方向划分成几个大类，这样每当要创作某个板块的内容时，就直接翻看这些标签下的选题，不仅效率高，也有利于后期内容的配比。

表3-1　选题分类框架示例

选　　题	类　　型	关 键 词	创作难易度	备　　注
干掉拜拜肉	燃脂塑形			
告别乌龟颈	体态调整			
解锁鹤禅式	体式解锁			

步骤二：填满目前想到的所有选题。

按照分好类别的标签，集中把可能的选题方向全部列出，并且给出对应的关键词、创作难易程度和相关备注，见表3-2。

表3-2 选题填写示例

选　　题	类　　型	关　键　词	创作难易度	备　　注
干掉拜拜肉	燃脂塑形	减拜拜肉 瘦手臂 纤细手臂	简单	记得封面展示手臂对比图
逆袭少女背	燃脂塑形	少女背 肩背变薄 背厚	简单	背面拍摄，穿露背的衣服
拯救上半身胖	燃脂塑形	虎背熊腰 上身偏胖 身材不协调	一般	记得列举不协调身材带来的苦恼：穿衣、拍照
瘦大腿根	燃脂塑形	大腿根粗 大腿内侧松弛多肉 瘦腿 臀腿塑型	复杂	记得讲自己穿牛仔裤磨裆部的尴尬经历

（1）列出关键词。

可以帮助回忆当时写下这个选题时，脑海中构思的内容方向，防止进入创作环节的时候想不起来，或者不记得当时为什么列出这个选题。另外也很方便优化标题，如果想让用户通过搜索行为发现你的内容，依靠这些关键词便将你的内容引爆开来。

（2）打上难易标签。

可以帮助划分创作难易等级，便于根据内容的耗时、耗力、耗财做好自己的种种安排，在投入内容生产的环节会很有帮助。

（3）写下备注。

可以用来提醒一些细节的易忘事项或者特殊的内容创作点。

步骤三：定期丰富灵感库/选题表格。

灵感的来源是五花八门的，一条视频，一句话、一首歌、一幅画、一个故事、一本书、一段经历、一个人……都可能成为你的灵感。那些稍纵即逝的，用便签、录音功能、截图等标记的灵感，一定要在时间充裕的时候及时梳理归纳，定期增补进上面的表格里。灵感如昙乍现的火花，要好好保护它。

另外，关于建立灵感库的工具，笔者也有小建议提供给大家，那就是使用像石墨文档、WPS、有道云笔记、Notion等，可以手机、平板电脑、台式电脑三端同步协作的软件，或者小尺寸的随身手账本来记录，方便随时随地都能够以各种形式捕捉灵感。

3.2.2 有效管理灵感库

既然灵感库可以帮我们提供源源不断的优质选题，那么建立好了，我们还要去有效地管理它。不停地优化、丰富和升级，使选题库一直处在一个健康可持续的状态。

1. 优化灵感库

就好像在生活中我们要大扫除，灵感库也要定期清理，把极简生活的理念带入到运营中，会更加的省力和轻松。

人是很容易遗忘的，即使写好了具体的信息，过了几周的时间也可能会遗忘。而且账号是在不断成长变化的，很可能几天前想好的选题，到了下周就不适用了。所以建议大家定期梳理灵感库，剔除不合适的或想不起来如何落地执行的内容。

2. 丰富灵感库

灵感库中剔除不合适的选题，剩下的选题必然是有限的，那产能不足灵感告急的时候怎么办？别害怕，创作是无限的，遇到瓶颈的时候，只是因为你需要换个方式思考了。

比如在这里给大家提供一个笔者适用的小方法——用做数学题的脑回路做选题，就能把一个选题变成多个选题。

（1）做加法，糅合多个选题：方向1＋方向2＝新选题。

$$大腿粗＋臀部扁平＝腿粗臀瘪怎么办$$

（2）做减法，从原选题中砍一刀：元素a－元素b＝新选题。

$$360度精准打造小蛮腰－前侧肌群的练法＝如何快速瘦侧腰$$

（3）替换元素，从原选题中替换创意点：原选题＝（a＋b），新方向＝（a＋c）。

$$零基础燃脂＝零基础练习＋燃脂$$
$$燃脂进阶＝进阶练习＋燃脂$$

除了这样的方法，大家还可以通过画思维导图，统计账号内容点赞排布情况，或者其他一些惯常的辅助方法来帮助自己挖掘大数据。

3. 升级灵感库

灵感库是需要不断迭代的。一直重复相同的内容，就是在跟粉丝比赛，看谁先进入疲倦期。所以为了防止倦怠，在你进入疲倦期之前，一定要有意识地拓展自己的内容边界——其实就是找到突破现状的方法。正所谓不破不立，下面三个方法提供给大家借鉴。

（1）看没看过的内容。

小红书会根据用户的内容偏好分发内容。所以，总是看同种类型的内容，就很容易把小红书看成垂直类App，比如首页几乎全是"穿搭"，"美食"，"运营方法"，让创作者在不知不觉中慢慢陷入一个闭塞的"信息茧房"中，进入创作瓶颈期。

当你发现自己总是看到某一类内容，那么可以定期看一看其他类型的视频。比如可以通过关键词搜索等方式快速改变平台对你的标签，也可以借朋友、同事的账号浏览其他人的首页界面，甚至看看其他平台上的内容。

只有基于更宽广的学习和博采众长，才能做好内容。

（2）找你认识的人聊天。

大多数人总是重复同质化内容的原因，是由于每个人都有自己根深蒂固的思维习惯。为了去除这种固化思维的影响，我们可以借助身边人的力量打破现有的内容格局。也许从迷茫到顿悟，只需要朋友间的几句对话。

如果你担心贸然交谈比较泛泛，展开对话前，你可以真诚地与朋友沟通现阶段遇到的困难，表明自己需要对方的帮助，并提前设置好自己关心的几个议题，比如"你平时喜欢哪些类型的博主？""为什么喜欢他们？""你觉得我可以借鉴他们身上的哪些闪光点？""你觉得我都能够尝试哪些新方向"……让对方感知到你的迫切和真诚，并积极调动大脑思考，在你的框架中帮你解决问题。

（3）做没做过的事。

账号做久了，容易陷入固定的创作模板中，选题似乎被套死了，变得刻板了。这个时候，我们就可以想想看，自己之前绝对不会做的选题是什么，很少会做的选题是什么。找到它们，然后去想想怎样才能跟自己的核心能力和特质挂钩。

尝试新方向一定会有不确定性，不管结果好坏，试着去总结其中的规律和经验，你会发现一个不一样的新世界。就像笔者很喜欢的运动博主阿文，因为一条自己动手剪头发的视频爆红，在没有行动之前，谁能够想到比起健身教程，用户会更喜欢看运动博主剪头发呢？

所以，尝试一些你没有做过的事情吧，也许能够快速实现账号的跃迁！

RED

第 4 章
创作秘籍

为什么我们这么努力，视频点赞却是个位数？费了很大劲儿创作的封面，带来的阅读量还超不过200？如何才能快速掌握小红书的创作技巧？别着急，创作秘籍来了！这个章节会通过简单便捷的方法，把你从内容创作的迷魂阵中解救出来。

本章主要涉及知识点有如下方面：

- 创作内容的入门知识。
- 标题的创作方法。
- 爆款封面的创作思路。
- 图文笔记的创作方式。
- 视频笔记的创作方式。

注意：本章内容是小红书账号运营落地执行部分，需要作为重点章节学习。

4.1　开始不纠结：创作内容的入门知识

本小节内容将会集中讨论内容创作初期大家比较关心的细节问题，比如新手起号作图文还是做视频？画面比例怎样确定，横屏好还是竖屏好？如何确定发文频率……帮大家拿到创作的主动权，突破创作初期的迷茫障碍。

4.1.1 图文笔记一定不如视频笔记流量高吗

"种草"笔记是小红书的特色，视频笔记又是当下内容平台的主流，二者各有千秋，很多人在做小红书初期都会纠结作图文还是做视频，不知道哪种创作形式更加利于自己的发展，下面我们通过以下几点来讨论，大家可以综合自己的情况做出判断。

1. 从平台流量的获取角度考量

单纯从平台流量获取的方面来说，笔者更加推荐视频的形式。为什么这么说呢？这是因为在小红书成为视频号会获得优势资源倾斜。

自从2020年8月15日上线了视频号功能之后，小红书就对视频号产出的内容进行了百亿流量扶持，不仅能获得额外曝光的流量，还可以查看创作中心的数据情况，以及使用视频合集、自定义视频封面、发布15分钟长视频等新功能。

进入个人主页后，点击左上角【≡】—【创作中心/专业号中心】—【笔记灵感】，就可以看到官方发布的推荐任务，以2023年6月的最新假日活动举例，只要发布符合要求的笔记，就可以获得专属流量扶持，优质笔记可以获得10万至50万不等的高额流量扶持，如图4-1所示。

图 4-1　官方曝光奖励

另外在小红书官方组建的微信社群中，对于优质的视频笔记，官方也可能"翻牌子"增加额外的流量助推。由此可见，小红书平台对于优质视频内容的渴望和重视，因此，做视频获取官方流量会更轻松。

2. 从内容特性上考量

图文笔记和视频笔记各有自身鲜明的创作特点，见表4-1。

表4-1 图文、视频笔记的优劣对比

笔记形式	特　点	优　势	缺　点
图文笔记	直观高效，能迅速触达用户，阅读时间短	短时间内清晰呈现重要信息	仅仅采用图文的形式传播，用户对博主的认知也是扁平化的，用户互动率、黏性相对较低
视频笔记	内容形式丰富，形象化，整体时长可以根据内容灵活调整	表达形式丰富，容易让用户沉浸其中，适合碎片化时间的消遣	能让博主展现真实立体的形象，黏性相对更高

《运营之光》的作者黄有璨提到，人在互联网上的内容消费需求大致可划分为两种，一种是泛娱乐型的内容消费，一种是深度学习型的内容消费。对前一类内容消费需求而言，短视频毫无疑问是王者，它适合碎片化时间的消遣，更容易让用户沉浸、放松，人们会越来越把时间高度投入给短视频，这是未来3～5年甚至更长时间里面非常确定的趋势。

但对于深度学习型的内容消费需求，图文更有优势。图文笔记直观高效，阅读时间也短，相比动辄三五分钟的视频笔记，用户看图文笔记的所花的时间成本就比较低，对于知识脉络的掌握更加清晰。所以，如果你的内容知识密度比较高，难以用通俗化的方式系统输出（比如读书博主、历史博主），就可以考虑优先把图文内容作为自己创作的主要形式。

但是，如果你准备做付费内容，希望有用户购买你的产品或者服务，那么还是要选择视频形式，流量也分泛流量和精准的流量，视频的形式能够让你看起来更加真实可信，吸引到更多有付费意愿的粉丝。

3. 从自身优势角度考虑

创作图文笔记需要的基础能力是写作能力、作图能力和拍照能力；视频笔记需要的基础素养是视频编辑能力、拍摄能力和表达能力。冷静地分析一下，当下的你具备何种能力？或者更易习得哪种能力？做哪种形式会让你自己感觉更得心应手？

假如你文笔、作图、拍照技能都很好，视频方面是完全的新手，那起号阶段作图文会更好一些，可以适当给自己长一点的适应期。

但如果你的优势在于表达力强，亲和力强，镜头表现力强，普通话发音流利清晰或地方话纯正亲切，那么视频的方式显然可以更好地放大你的优势。

4. 从时间、精力、财力消耗角度考虑

测试一下，这两种方式哪一种会占用你更多时间、精力和财力，算好投入产出比再决定。

举个例子，如果你是一名活跃在课堂上英语讲师，那么讲课对你而言就是顺手拈来的事情，拍视频张口就来，甚至不需要准备脚本。但如果是去作图，一定不如拍视频更加迅速。而假如你是一位羞于表达的设计师，舍近求远跑去拍视频，耗时一定会很长。

而且单纯从创作形式来看，图文的创作门槛并不一定低，有时图文的制作会更加复杂。比如同样是探店，视频拍完只需简单剪辑即可发布，而图文就要讲究调色、排版、重点信息的提炼和排列。

哪种形式投入更大，前期做内容看不清投资回报率时，不建议投入太多。

我们用美妆博主举例，因为对视频的精美程度要求比较高，拍摄器材、麦克风收声、灯光、支架等工具都需要投入，但作图文就可以一部手机搞定。那么当然先从图文做起来！

5. 从本身的目的性考量

你想从做账号的过程中收获什么？

比如很多人，做小红书的初衷就是要打开自己，学会在公众面前表达，那么用拍视频的形式倒逼自己进步其实是一件特别好的事情。而对于本身有一技之长的人，想要精进自己的排版或文字撰写的能力，作图文笔记也不失为一个好选择。

6. 从准备分发的平台考量

一鱼多吃的时代，做内容经常会分发到多个平台，用同一条内容，撬动多个平台的流量。如果你有能力，能够贴合不同的平台更改内容创作形式，那么图文或视频其实都无所谓。但如果你只想加工一次内容，把内容同时分发到其他平台，就可以选择该平台最主流的内容形式。做视频分发到抖音、快手、B站等平台。而作图文则分发到知乎、简书、微信公众号等平台。

世事无绝对，小红书的创作空间是很大的，如果实在无法选择，也可以视频和图文笔记都做，先动起来，每种形式连续做4～5条，衡量数据之后拿粉丝转化效果好的那个作为自己的主要创作形式。一句话，匠心做内容，胜过万千形式。

4.1.2　做视频笔记横屏好还是竖屏好

兴高采烈地准备实践了，拿起手机却犯了难，到底横屏好呢？还是竖屏好呢？别纠结，我们可以从以下两个角度考虑。

1. 从题材和画面的适配度上考量

我们先通过表4-2，看一下横屏拍摄和竖屏拍摄会产生的视觉差异。

表4-2　横竖屏拍摄优劣对比

项　　目	横　　屏	竖　　屏
概　　念	英文是 Landscape 或者 Landscape mode，直译过来是风景或风景模式	英文是 Portrait 或者 Portrait mode，直译过来是人像或人像模式
优　　势	视野会比较宽，可以呈现非常丰富的环境信息，多人出境也不拥挤，宽广的空间能够创造高级感的画面	视野比较窄，因而会让画面主体更大更近，能用来展示细节特写。容易营造互动感、沉浸感，影响观众的情绪
劣　　势	容易让博主和观众产生距离感	呈现的环境信息比较少

从表4-2中我们不难看出，需要呈现丰富画面信息的题材，比如一些旅行Vlog、居家Vlog、数码拆箱的测评都很适合横屏展示。

而需要迅速拉近用户的距离，让你和观众有种亲切互动的题材，比如段子、颜值、舞蹈……以及需要丰富特写细节的题材，比如美食、美妆等都适合采用竖屏，如图4-2所示。

图 4-2　不同题材的视频呈现效果对比

所以，根据你要做的内容类型来选择横竖屏即可。

2. 从用户使用习惯角度考量

小红书上无论图文还是视频都是竖版居多，拿不定主意的话，建议大家选择竖版，更符合小红书用户的浏览习惯，相对于横版，竖版的用户转化情况也会更好。

如果你准备将内容同时分发到其他平台，为了在其他平台上不因画面占幅突兀而错失流量，做快手、抖音，选择竖屏为好；做B站、西瓜视频，那么可选择横屏。

当然，你可能会问，我如果都要分发呢？

如果都要分发，我们还可以横屏竖屏相互转换！这个时候建议选择横版拍摄，一般横改竖更好改一些，画面大小基本不用调整，上下留黑边或者填充背景，再打上文字就可以了。

所以综合以上两点，如果你没有特殊领域的创作需求，并且以小红书作为自己的创作主阵地，可以先从竖屏开始拍摄。

4.1.3 日更和周更哪个性价比更高

老规矩，先通过表4-3看看日更和周更适合的人群。

表4-3 日更、周更特点对比

项　　目	日　　更	周　　更
特　　点	每天至少更新一篇，发布的次数越多，越容易积累到足够多的数据，多复盘，多分析	每周至少更新一次，发布频率低，更容易坚持，留给内容创作的时间充裕，容易打磨出精品
适合人群	日更适合什么样的人： （1）产出内容时间充裕的 （2）内容输出相对简单的 （3）需要日更来去督促自己养成坚持习惯的	周更适合什么样的人： （1）产出内容时间不充裕的 （2）想要精细化打磨内容的 （3）有一击即中能力的
不建议的情况	（1）内容没有质量保证的情况下，不要日更 （2）日更会给自己带来很多压力，排压能力差，不要日更	（1）本身数据情况极差，不要周更 （2）风格不成熟，没有记忆点，容易被用户遗忘，不要周更

日更和周更，甚至一日多更，这些发布频率笔者都测试过。日更压力大，需要提前储备大量内容防止断更的发生，除非你的创作成本特别低，不需要耗费太多时间、金钱和精力，否则不予推荐。一日多更完全不推荐，因为如果保证不了内容质量，发了也是画蛇添足，而且高密度的输出，缺少吸收，很容易使自己腹中空空，除非是为了测试自己的内容适合在哪个时间段发布，否则不要轻易尝试。

周更更加不推荐，在没有质量保证的前提下，精心打磨的内容一凉凉一周，这种感受很难受。

所以比较合理的更新频率其实是介于日更和周更之间，每隔2～3天发布一次。一来，保持一个稳定的内容输出频率，让账号拥有基本的健康度。二来，用户经常看到你，可以加深对你的印象留存。三来，不会浪费流量。一个内容爆起来，涨粉的能力是可以持续几天甚至1周的，不会因优质内容的流量互相重叠造成涨粉浪费。

4.1.4　什么时间才是笔记发布的黄金时间点

首先，大家不要完全相信网络上总结的某类账号最佳发布时间点，这些时间点没有数据支撑，很多都是主观臆断。什么时间发布笔记最佳，需要我们自己亲身实践之后来判断。确定笔记的最佳发布时间我们可以按照下面方法具体进行。

1. 没有积累粉丝之前，尽量避开流量高峰期

刚开始做小红书，笔记发布的时间要追赶流量高峰期吗？答案当然是：不！

小红书的流量高峰期集中在晚上和周末，在这些时间段，打开小红书的人最多，虽然有着更高的流量，但发布内容的竞争也会更加激烈。往往会产生两个极端情况——经得住激烈竞争的笔记一鸣惊人成为大爆款，而内容质量较为普通的笔记淹没在优质笔记中，点击率变得更低。所以，在还不能确定什么时间发布最佳时，我们可以先采用排除法，决定哪些时间不发。

2. 按照自己方便发布的时间，进行发布时间测试

在其他时间段，找出三个自己可以稳定发布内容的时间，将目标人群画像考虑进去，从生活习惯、工作习惯、地理位置等方面推算用户可能会打开小红书的时间。

假设你的粉丝很多都是晨型人（早睡早起），自律性强，很可能七点前就会打开小红书。那么也许早上六点半发布会很合理（预留出内容审核的时间）。假设你的粉丝很多是一线城市的地铁通勤族，上班耗时长，那么早晚高峰前的半小时发布就会比较合理。假设你的用户中有很多为海外用户，跟我们有时差，那么根据时差换算出来的高频使用时间点就比较合理。

诸如此类，找出三个对自己有利的时间段。每个时间段进行3～5条内容的测试，在内容发布1～2个小时之后，记录下来它的阅读量，看看有没有哪个时间段明显更高一些。

3. 积累粉丝之后，了解你的用户什么时间打开小红书

当你积累了第一批粉丝之后，你的受众人群画像就更加清晰了，在小红书的创作中心看到的粉丝数据就更加具有参考价值，你的粉丝中男女占比多少、年龄分布如何、集中在几线城市、观众兴趣都有什么，这个人群画像很可能跟你之前自己猜测的并不一致。毕竟平台用户基数这么大，一天24小时都是不缺流量的，这个时候，咱们就可以根据精准的人群画像，重新选择时间段，进行内容发布测试。

确定好发布时间后，嫌每天按时发布内容比较麻烦的同学，可以在粉丝大于500且发布过一条以上视频笔记的情况下申请视频号，开通小红书的定时发布功能，只要在发布笔记时，在内容编辑页中点击高级选项，就可以设置未来1小时到7天内的任何时间发布。

4.1.5 好像什么方向都能做，但都做不到极致

在账号运营前期，什么内容都做，能够帮助我们快速找出适合的内容方向，随时更迭新的创作技能，但一段时间之后粉丝量起来了，什么内容都做，往往就变成了吃力不讨好的行为。什么都做，单篇内容可能数据很好，却带不起账号的整体风格、辨识度，相应的，粉丝也无法理解关注你可以产生怎样的价值。更重要的是你自己也可能会产生迷茫，不知道为什么篇篇内容都很精彩，偏偏粉丝转化率很低。

所以，一旦陷入对内容方向麻木无知觉的状态，一定要及时跳脱出来，强迫自己认清当下的局势。比如，可以找到自己关注列表里印象留存最深的博主，找寻他们吸引你的核心价值点，从理念输出、表情、声音、文案、排版、打光等维度总结出符合你自己价值审美的博主核心要素。

在这里笔者有一个小技巧，那就是只跟冉冉升起的博主新星学习。

跟着大博主学习总结，会容易陷入迷茫。为什么呢？因为大博主的内容创作本身就已经成熟，综合素养高，导致我们无法明辨到底是哪一点能够有足够的吸引力且可以应用在自己身上，并且大博主本身就已经有"明星效应"，有的时候同样的内容，仅仅是因为跟用户混的"脸熟"，就上了内容热榜，被无数网友点击。所以学习就要跟新手博主学习。

首先，作为粉丝几百、几千、几万的新手博主，能够抓取到你的注意力，

那就证明他对你有着极致的吸引力。新手博主的包装往往还没有那么完美，能够让你忽略不足之处变成忠粉的，就是这个账号的核心价值点。一旦你发现了这个核心价值点，那么恭喜你，你已经体会到了这个账号的精华——新手博主的关键魅力要素，这也是通过他本人对大量账号的研究或者对自己细致的分析才展现出来的。

其次，你可以"找茬"规避缺点。因为博主"新星"们还处于冉冉升起的阶段，所以难免会有一些显而易见让你觉得可以"挑刺"的地方。哪里是用户的雷区，哪里是用户的麻木区，会在新手博主的点赞、收藏等各种数据里表现得特别明显。一旦吸收为己用，会有一种醍醐灌顶的感觉，瞬间找到自己能够提升的方向。

最后多多关注新秀博主，能够帮助新手创作者确立自己的运营目标。越是跟自己风格、身份相似的博主，越能够帮助你确定拥有多少粉丝的时候可以作为一个小小的里程碑，或者预测拥有多少粉丝的时候能够达到怎样的成就（收入、机会链接、商单）。因为新人博主的分享还没有程式化，真诚度和投入度极高，甚至可能还会起到鼓励自己的作用。在疲惫、压力大、难熬的时刻，注入活力。

当然，如果研究对你而言太过复杂耗时，我们也不必为此纠结，直接记住以下两点。

1. 只发布喜欢的内容

当你对一件事情有充分的热情，你的内容一定是能够打动人的！而且一定会有话可说，穿搭技巧、省钱妙招、审美观点、旅行记录、生活记录、才艺展示……这就是内容灵感的来源。

也许这样做出来的内容并不垂直，但没有关系，你展现的是一个全方位的自己，吸引到的是真正兴趣相投的粉丝，这样一来，也许能够更容易成为小红书上的意见领袖！

2. 只发布擅长的内容

当你非常擅长一件事情，你的分享一定是很有底气的。你的职业、专业、曾经的经历都可以创作成你的内容。工作经验、职场吐槽……越是贴近真实，对用户而言越有参考价值，相应地，粉丝黏性也会很高。

另外，当你觉得自己的想法还不太成熟，完全可以选择"抱大腿"。向身边有主见的人求助，也许他们并不了解你正在做的事情，但是他们的处事经验和判断能够让你真正信服，那么就可以听从。或者在他们的建议之上再去延展新的想法。笔者不是很建议听太多网络上运营类账号的建议，听的越多越容易陷入养号、流量、赚钱、快速涨粉等焦虑里，当我们的眼睛里只盯着数据和热点，是很难做出真诚分享的内容的。而小红书的流量密码，恰恰就是"真诚分享"。

4.1.6 创作内容前的注意事项

在正式开始创作内容之前，有些注意事项需要苦口婆心地叮嘱大家。

1. 注意隐私保护

展示自己的生活物品时，一定要避免自己的隐私泄漏，身份证、快递包装盒等，这些可能透露个人信息的物品，都要在拍摄时遮挡重点信息或者在后期工作时进行特殊处理。手机通信录、聊天记录截图上的信息等也要注意遮挡，不光是自己的信息，他人的信息也要做好保护。

另外，注意不要将自己经常所处的地点提及过细，或者定位的特别精准，避免有心之人结合房屋内外观寻迹而来。

2. 避免显而易见的引流手段

千万不要进行明显的站外引流，容易导致账号限流封号。视频中不要出现二维码、站外链接、logo水印、个人联系方式（手机号、微信号、邮箱）等导流信息，也不能明显直白地提及产品购买的淘宝店铺、拼多多店铺等（单纯的店铺"种草"分享除外），否则会严重影响到视频的流量。

3. 借鉴有道，把握借鉴的尺度

首先，完全照搬他人内容一定是不可取的，无论是直接照搬小红书平台的内容，还是跨平台搬运，无论是搬运整条内容，还是单独搬运封面、脚本、拍摄逻辑，甚至照搬他人创意点、观点等都不可以。一旦被发现，不光是博主本人和粉丝们的指责，官方也会给予相应的处罚。

也不建议洗稿他人原创内容，进行篡改、删减、文字替换，使其好像面目全非，但最有价值的部分还是抄袭的。这种擦边球的创作行为，仍然是侵权行为的一种。

当然也不是完全不可以借鉴他人，借鉴是内容创作中必不可少的一环，好的借鉴可以帮助创作者们快速起号，稳定飙红。所以，分清楚哪些是可以借鉴的，哪些是不可以借鉴的，是非常重要的。

那什么是可以借鉴的呢？一句话，你可以借鉴做号的底层逻辑。

比如，你很喜欢某个博主的封面，然后把字体排布的位置、画面配色、元素应用……都搬过来，只替换成自己的照片，这就是模仿抄袭。但如果你认为这个封面好看，是创新性地把标题文字放在画面四个角上，然后用这个元素加上自己的思考做了新的版式，这就是踩在巨人的肩膀上借鉴。

4. 不踩价值观雷区

分享内容一定要符合当代社会的主流价值观，符合公序良俗，传播正确的价值观和积极向上的生活方式。千万不要有不健康的内容出现。只要被发现发布的内容中存在违反法律法规、危害国家社会安全的行为，平台都是会给予严肃处理的。并且，一些辱骂、嘲讽、威胁、恶意点名（以下简称@）他人、故意引战等不友好的行为，也是需要规避的！

5. 内容创作谨遵"真实"

（1）存在伪科学、误导的嫌疑绝对不行！

在没有科学论证依据的情况下，发表虚假、夸大的功效宣传言论，或者为了制造噱头分享不切实际的攻略方案，都可能会受到平台严厉处罚。

伪科学类内容举例：

> 某人曾经创作过一个标题，叫作"三分钟快乐燃脂，建议收藏，年前瘦下来！"，但是这条内容却流量异常，问了小红书工作人员才知道，被打上了"伪科学"标签。原因是每天三分钟燃脂运动不能够保证每个人在年前变瘦。

误导类内容举例:

> "我的副业, 60天卖货18万元"该篇内容为了达到自己的运营目的, 利用副业赚钱作为噱头, 分享一些攻略方案, 但并非真实经历, 所以就带有虚假欺骗性质。
>
> (案例来源: 2021/11/19薯管家的Bad Case黑名单)

(2)夸张猎奇标题党, 绝对不行!

在标题中夸大其词, 故意博人眼球, 或者使用噱头性、贬低性的词汇误导用户, 哪怕在正文写上"对不起标题党了"也可能会被限流处理。笔者从小红书薯管家举过的例子中挑出了三种创作者们常见的标题党情况。

第一种, 无依据地假借公众人物或平台影响力制造噱头。比如"某某明星真的没骗我, 某某产品太好用了!""这个产品真的好用, 小红书没骗我!"

第二种, 反话制造悬念来吸引点击, 内容与标题中预期不符。比如"千万不要打开这本书, 看完会后悔"结果点进内容, 发现是后悔没早看。明贬暗褒的套路式创作, 故意引人上当。

第三种, 对产品功效进行夸张或者违背常识的宣传。比如"一天被问800次的平价短靴, 姐妹们闭眼入好吗", 一双靴子再精美, 也不可能一天被路人问800次, 这种夸张式的手法, 倡导"真诚"的平台是不推荐的。再比如"十二年胖纹也就它能速救! 生完孩子一定要用!"首先已经有十数年的妊娠纹靠产品短期内是比较难以改变的, 夸张了功效; 另外"也就"属于绝对式的夸张宣传, 再者"十二年"存在故意延长年限来博人眼球的嫌疑。

所以大家要把握好真诚推荐和用力过猛之间的度, 一定不要踩雷。

6. 杜绝作弊行为

小红书绝对不允许账号的作弊行为。常见的作弊行为可以分为以下两种。

(1)利用虚假流量对笔记/账号数据进行作假、虚构或作弊等行为, 比如用非正常手段获取包括但不限于粉丝关注、点赞收藏、评论等虚假数据。创作者们常见作弊行为如下:

行为一: 通过"加我微信, 快速安全涨粉帮你做数据"的引导信息, 懵懂情况下做出买点赞、收藏、评论、关注的行为，上了不良分子"信息差"的当。

行为二：通过程序，脚本模拟造假数据，或者在网赚平台发布任务，雇佣水军为自己刷量。大家千万不要抱有侥幸心理，觉得真人刷单简单安全，事实上无论是机器接单还是真人接单，都是很容易被平台识别清理并受到相应惩罚的。

行为三：通过利益诱导用户在平台进行点赞、收藏、评论、关注。可以通过专业号的抽奖功能给用户送福利，但是不能为了点赞、收藏、评论、关注，用发红包、实物奖品、虚拟奖品等利益诱导的方式进行刷量。

（2）滥用权益注册/开设多个账号，并利用这些账号开展如破坏、干扰小红书平台秩序的不当行为。常见的违规操作如下：

行为一：出借/出售/出租/购买账号对笔记进行异常发布，点赞、收藏、评论、关注等行为。

行为二：利用注册账号的权利，非正常模式地发布笔记，比如批量发布、高频发布、机器发布等。

行为三：重复发布干扰平台秩序的相关内容，包括但不限于重复发布相似笔记。或者为了达成自己的目的以评论、@他人、私信等方式对平台其他用户进行干扰。

4.2 写好标题：不做标题党也能掌握流量密码

写好标题，流量不只翻一番。一个用户，当他打开小红书浏览内容，注意力是有限的，他首先只能看到他关心的内容。如果标题不够诱人，那么选题再好，内容再独特，用户也没有可能点开。所以，作为创作者，我们在写好标题上花再多的时间都不会过分。因为只有标题亮眼，内容才可能成为爆款！

4.2.1 标题创作的三个基本点

在正式介绍标题的创作法之前，我们先来明确一下什么是标题？

在小红书，我们谈论标题时通常谈论两部分：一部分是封面标题，也就是生产一条内容时，首图上版面最大、最亮眼的文字；另外一部分，是正文标题，也就是在视频发布环节，必须填写在封面下方的那一行小字，最多可以填写20个文字，最多展示两行。

我们今天讲的主要方法对两种情况都适用，但封面更多的是视觉语言，这个部分我们还会单独去讲，所以在下面的部分笔者会拿正文标题来跟大家举例子。先来看在小红书写标题，必须注意的三个基本点，如图4-3所示。

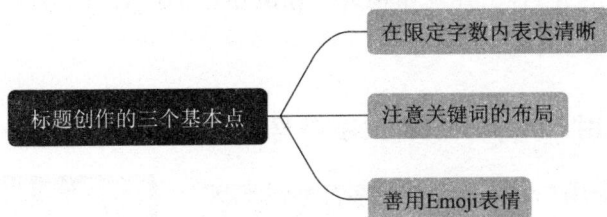

图 4-3　标题创作的基本点

1. 要注意字数

虽然正文标题理论上可以填写20个文字，但在小红书的首页，每条内容的展示，不多不少，刚好18个文字，最多两行，如图4-4所示。

所以标题不宜过长，一来换行可能会对阅读体验造成影响；二来写满20个文字，最后两个文字被折叠，容易导致语意不完整，用户理解不到位。但同时也不宜过短，因为如果不满18个文字，你的正文中的前几个文字就会自动被顶上来显示在用户浏览页上。所以如果你的标题只有几个字，正文的第一句就要当成标题的后半部分来写，或者干脆不写正文！

2. 注意挂好关键词

在标题中添加关键词，不仅能让浏览

图 4-4　标题在首页推荐的展示效果

者一眼识别出你想分享的具体内容，更重要的是，它非常利于系统的分发和推荐，让内容获得更多的流量。根据小红书公开数据显示，搜索优先的用户占首页流量的38%。这也就意味着，这部分我们都可以通过创作者的内容优化进行收割。因此突出重点，善用关键词非常的重要。

拿运动类的内容举例子，"瘦肚子""燃脂""圆肩驼背"都是常见的搜索关键词，即使你的内容已经发布很久，新的用户仍然有可能带着瘦肚子的精准需求，检索到你的内容。

3. 尽量多用 Emoji 表情和文字符号

这里建议多用Emoji表情和文字符号的原因有以下两点。

第一，小红书上的内容是非常注重视觉体验的，添加Emoji或文字符号可以让标题变得更有活力，在版式上变得更好看，也更容易吸引用户，如图4-5、图4-6所示。比如"☺ ❤"就是纯装饰类的符号。再有就是辅助阅读的文字符号，如"丨、，&"，可以起到断句的作用，标题如果太长，读者一口气读下来是很累的，所以需要文字符号去修饰。

第二，符号可以指代某些特殊的含意。比如一些敏感词汇或者在平台上不方便呈现的词汇，日积月累下来，每一类的内容甚至都有了不同的暗号。举个例子，桃子的符号在购物分享内容中代表"淘宝"，在运动燃脂内容中代表了"蜜桃臀"，精准粉丝看完之后秒懂。

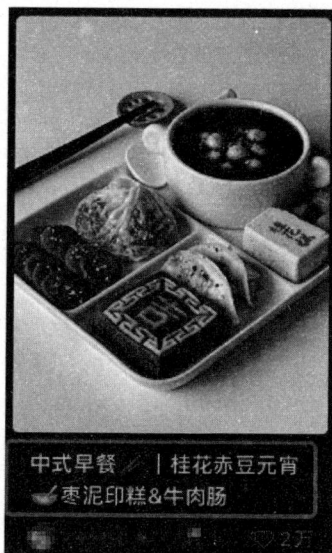

图 4-5　在标题中使用 Emoji 表情的效果

但是大家记住，同一个标题中Emoji不要出现过多，一来是因为单个Emoji会占用两个字符，另外太多也会显得花哨，所以最多三个。

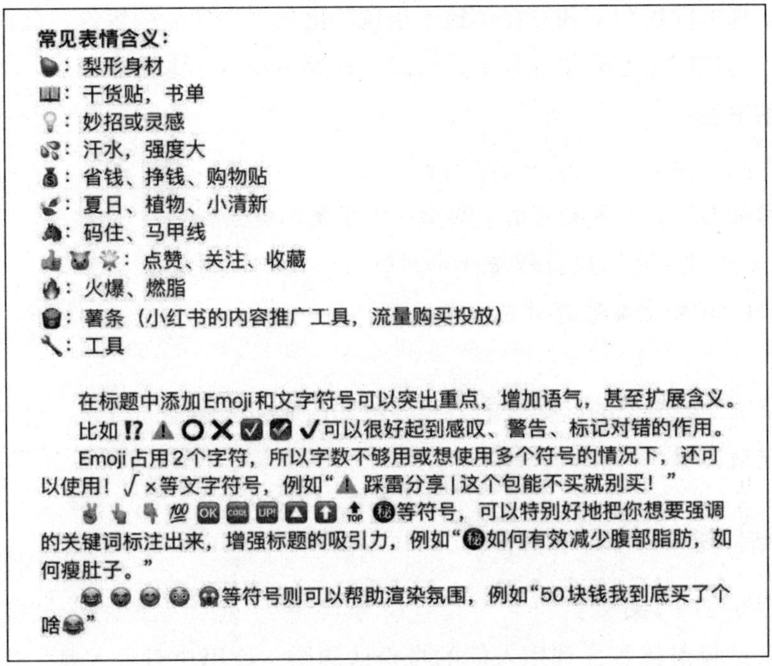

常见表情含义：

🍐：梨形身材

📖：干货贴，书单

💡：妙招或灵感

💦：汗水，强度大

💰：省钱、挣钱、购物贴

🌿：夏日、植物、小清新

💪：码住、马甲线

👍❤️⭐：点赞、关注、收藏

🔥：火爆、燃脂

🍟：薯条（小红书的内容推广工具，流量购买投放）

🔧：工具

在标题中添加 Emoji 和文字符号可以突出重点，增加语气，甚至扩展含义。比如 ⁉️ ⚠️ ⭕ ❌ ☑️ ✅ ✓ 可以很好起到感叹、警告、标记对错的作用。Emoji 占用 2 个字符，所以字数不够用或想使用多个符号的情况下，还可以使用！√ × 等文字符号，例如"⚠️ 踩雷分享 | 这个包能不买就别买！"

✌️ 💯 OK COOL UP ⬆️ 🔝 秘 等符号，可以特别好地把你想要强调的关键词标注出来，增强标题的吸引力，例如"秘 如何有效减少腹部脂肪，如何瘦肚子。"

😄 😭 😱 🙄 等符号则可以帮助渲染氛围，例如"50块钱我到底买了个啥😄"

图 4-6　常见 Emoji 使用场景

4.2.2　标题创作的五种技法

学习完小红书创作标题的三个基本点，我们再来聊一聊标题创作的技法。下面的标题创作技巧是爆款标题小妙招，可以让笔记阅读量指数级翻倍，堪称创作标题的万金油，并且适用于其他平台。当然，我们在这里要强调一点，判断一个好标题的标准，不仅仅是带来了多少的流量，还在于你吸引到了多少的精准粉丝。

1. 列数字

建议尽量在标题中添加数字，原因如下：

（1）相较于纯文字的标题，数字在呈现上更直观，更容易引起浏览者关注。

（2）列数据佐证，容易提升内容上的可信度。适当在标题中添加权威资料数据、身高体重等信息，更容易让人产生信任感。

（3）列数字可以帮助浏览者做出预判，你的视频或图文，会讲几个方面、几个点，都可以提纲挈领的在标题中呈现。比如添加产品的售价、几大功能点的更新、几款产品的测评等数字，可以让标题更加有冲击力。

标题举例：

> 暑假变美！3个卷发心机 | 高颅顶 | 发量翻番
>
> 5分钟手臂塑形 | 热身跟练一步到位
>
> 159 | 60公斤梨形身材显瘦穿搭

数字法是最简单的起标题的方式，不知道取什么标题的时候，这个方法一定要用起来。

2. 贴标签

贴标签有两个好处：

（1）贴身份标签，利用人们的身份认同感，让用户对号入座，达到直呼"大名"的效果——哦，这件事，原来与我有关！

标题举例：

> 学生党也可以买得起的平价好物
>
> 金融白领一年在北京可以挣到多少钱
>
> 女性必读 | 读完《认知觉醒》，我突然不浮躁了

（2）贴内容标签，跟减肥有关，标题中一定要有"燃脂""瘦"，跟购物有关，一定要有"省钱""薅羊毛"，跟游玩有关一定要有"冷门小众"，之所以如此不仅容易让用户第一次浏览时产生关注的念头，同时在主动搜索关键词的时候也很容易看到你的内容。

标题举例：

> 在北京，如何选择合适的瑜伽教培学校
>
> 周末去哪 | 京城最大夜间市集【国潮市集】

3. 讲价值

在标题中呈现用户看完你的内容可以获得的价值。

标题举例:

> 【iPad】我是如何做学习笔记的 | Notability——解决学习工具
> 经验 | 真诚干货！说说我怎样成功减重30斤——解决身材焦虑
> 健忘星人必备！告别职场焦虑，永远自信——解决职场问题

这一条也跟你的选题牢牢相关，既然是讲利益，那么肯定是对某一个圈层的人讲，会更加精准，所以要去思考该类型人群的真正需求和痛点。比如对于想学习的人而言，比起直接吸收某类知识，最需要的可能是高效系统的学习方法；对于想长期减肥的人来说，比起告诉他们如何练，可能她们更好奇的是同类人的经历和过程，不必运动也可以瘦下来的方法；对于职场星人而言，比起解决职场中的情绪内耗，听过太多大道理的他们也许更需要一份简单粗暴的好物推荐。

所以，讲利益，其实更考验的是你的洞察能力。痛点摸的越精准，你就离爆款不远了。

4. 会互动

利用问句、感叹句在标题中加入互动的成分。

标题举例:

> 每天坚持运动，怎么还胖了？
> 普通人在小红书还有机会吗？
> 我应该不是最后一个知道的吧！
> 现在就连茶颜悦色都有对象了？

这种方法的好处，作用之一就是唤醒用户心中同样的疑问或者感受，让用户对你的内容产生强烈的认同感。同时这种方法还有一个好处，那就是可以提

高观众的活跃度，让看到内容的人能产生和你积极互动的念头，可以大大地提升评论区的留言数。

5. 注意人称

这个方法跟方法2"贴标签"非常的相似，但还是要拿出来单独地说一下，因为真的非常重要！

在创作标题的过程中我们不仅要口语化，还要多用第一人称"我"和第二人称"你"。

使用第一人称"我"，可以增强内容的信任背书，将看似夸张荒诞的事情让用户一秒钟接受并点开你的内容。

标题举例：

> 工作两年，我写文案月薪4000到年薪40万后续

而使用第二人称"你"则可以大大提高可以提高浏览者的代入感，从而吸引用户点开你的标题。

标题举例：

> 《目光》送给每一个正在经历至暗时刻的你

所以不要轻视这个技巧！重要的技能点，不怕强调第二遍！

4.2.3 标题创作的避坑事项

以上就是小红书标题创作的3+5技法，说完了创作的方法，还有两点特别重要的注意事项要告诫大家。

1. 避免出现陌生名词

为了吸引更广大用户，标题要尽可能通俗易懂。避免一些小众专有名词，或圈子内才能明白的名词，举个例子，健身类的内容少提"上交叉综合征""骶髂关节"，数码类的内容尽量少提陌生的产品型号等。

2. 不建议标题党

首先，标题党只能引导用户更多的点击你这篇笔记，但如果你的内容跟不上这么精彩的标题，用户看完你的内容也会马上离开。假使你挣到了 10 000 多的阅读量，但只有 10 个人给你点赞了，那又有什么用呢？它不能真正帮你带来有效的内容转化。

其次，如果与视频内容不符，或者有低俗不文明的违规用词，是违反了小红书构建良好社区环境的准则的，很可能会对账号造成风险。

关于普通标题和标题党之间的区别，笔者也从小红书官方账号"小红书创作学院"的内容分享中给大家整理了答案。常见会被限流的标题党有以下三种。

一是过分夸张的描述，尽量不要出现"出事了""传疯了""惊呆""没想到"等过度夸张的词语或震惊体的格式。

二是故意在标题中隐瞒关键信息，以此来设置悬念，比如"当红女星绝密隐私外泄，原来是这样！"这种故弄玄虚甚至欺骗用户来增加点击率的做法，是小红书官方明确反对的。

三是夸张挑衅或者是强迫性的标题，用"你一定没吃过的……""不看不是中国人""经常用电脑的人一定要练这个！"等类型的标题诱导甚至强迫用户观看，这些都是非常不可取的。

4.3 爆款封面：能上热门的封面有哪些思路

小红书呈现内容的方式是双列信息流，多篇内容一起呈现在首屏，所以一篇内容首先要通过用户的视觉考核，才能争取到被点击的机会。而用户考核的标准有且只有两个：封面和标题，由于面积上的优势，封面带来的冲击力比标题更大。一篇好的笔记，必须要有优秀的点击量才有可能成为爆款，所以在小红书，封面的地位就更重了！

4.3.1 小红书封面的特点

了解后才能做好它，首先我们来归纳总结一下，小红书上的封面都有哪些特点。

1.画面比例

每个平台都有自己固定的封面比例，小红书推荐的封面比例有3种，如图4-7所示，一种是横屏4:3，一种是正方形1:1，还有一种是竖屏3:4，遵循这些画面比例，可以确保封面在主页中被完整地展示出来，其他尺寸的封面在展示时会自动调整为这三个比例，因此会出现画面不完整、重要信息被截掉的情况。为了确保重要信息能够完全展示，这一点一定要留意。

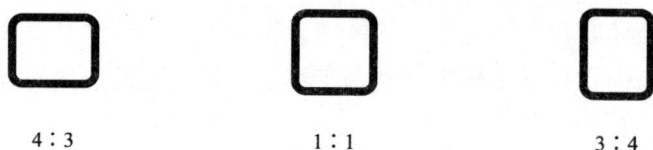

| 4:3 | 1:1 | 3:4 |

图 4-7 笔记常用封面尺寸

2.封面形式

因为小红书是一个偏"种草"+干货分享的平台，为了表明笔记的内容丰富，吸引用户点击进来，在封面制作上竞争相当激烈，表4-4给大家列举了一些主流的封面形式，大家可以根据自己分享的内容进行不同程度的参考。

表4-4 几种常见主流封面形式

封面类型	特　　点	适合的内容方向
图文均衡型的封面	最常见最简单的封面类型，只有一张底图，上面罗列一级标题、二级标题和说明文字等	图文互为补充，信息展示充分，几乎适配所有内容
侧重图片展示的封面	图美字少，氛围感比较强。主要是呈现有美感的，有萌点的，有槽点的，搞笑的或者视觉冲击强的图片。特点是画面突出，文案不明显，甚至没有文案	所有需要展示画面感的大类，摄影、绘画、家居、手作、舞蹈、萌娃、颜值、搞笑、健身等
纯文字排版类的封面	字多图少，图片一般作为背景或贴纸出现，在画面中存在感较弱	（1）干货内容的分享比如思维导图、学习笔记 （2）观点类内容的输出和讨论 （3）作为引子承接视频开头导入的作用

封面类型	特　　点	适合的内容方向
真实场景类的封面	不做过多修饰和美化，突出人物、画面的真实感，具有烘托内容可信度的作用，甚至直接截取视频中最精彩的画面（比如热闹的活动现场、夸张的人物表情，食物将要入口的瞬间，高难度的舞蹈动作等），加上文字/贴纸进行二次简单加工	（1）真人出镜的内容 （2）现场氛围感强的内容
双图或多图拼接的封面	将2张以上的图片拼接在一起，起到对比鲜明或画面丰富的效果	（1）效果对比（比如美白前后、健身前后） （2）精美图片博客 （3）"种草"、美妆、干货等合辑
富有设计感的封面	同时拥有美感和高度的可识别性	（1）品牌/商家的内容分享 （2）设计师、潮流艺术家等特殊职业者的内容分享

4.3.2　避开封面设计中的小陷阱

作出一张99分的封面，究竟有没有规律呢？

很多人觉得，作图全凭感觉，封面的制作是很难说明白讲清楚的事情，要有审美，有格调，有技巧，多种元素综合起来，才能做出一张高分封面。但其实不是的，做封面不是做设计，我们用信息展示的思维来思考，就会发现小红书上的封面并没有那么复杂，只要你获知一定的信息罗列规律，就能够快速的利用封面制造爆款内容。

所以为了总结有效传播的封面特点，本章节先看看无效传播的封面容易踩到哪些小陷阱，如图4-8所示。

1. "好看" 的陷阱

设计封面不是为了美，而是为了信息传达更直观。封面很重要，很多人刚开始接触小红书，愿意在封面上花心思，容易把封面做得特别 "有美感" "有质感" "有设计感"。结果时间花了很多，流量怎么样也上不来。

其实美没有毛病，但除了美，还要具备可 "读" 性。毕竟，用户之所以会点进某个封面，是为了满足自己的某种诉求，而封面在用户这里主要起到的作

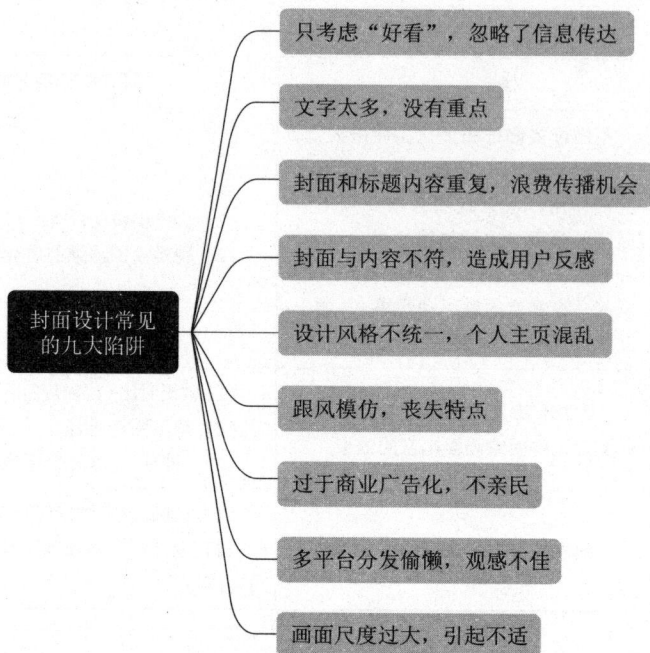

图 4-8　笔记封面设计常见九大陷阱

用，恰好是提前预判内容是否能满足自己的诉求，比如美到极致的封面（满足审美的需求），引人好奇的封面（满足好奇心），干货感强烈的封面（满足知识的需求），幽默搞笑的封面（满足娱乐的需求）……

有位小红书博主曾经说过一段特别的话："除非你是颜值类的博主，否则你就不要纠结于标题是否挡住了你完美的脸庞或者身材。除非你是穿搭博主，否则你就不太用纠结文字是否让首图不工整。"我们可以不必将其绝对化，笔者举这个例子只想说明一点——美不是宗旨，信息传递才是！只要你的传播点不在于"美"，就不该为此纠结。顺眼的封面不强求调性，阅读舒适最重要。一定不要把画面做的太复杂，用户看不到必要信息，就变成在做无用功了。

2. 避开长文字的陷阱

罗列信息不在于多，而在层级清楚。为了能说明白，讲清楚，而在封皮上呈现过多的文字。这种情况的出现，往往是因为创作者把握不准用户的脉搏，把觉得用户可能产生兴趣的关键词都放上去了，最后造成的结果是文字密密麻麻或者毫无重点，最后内容再好还是得不到流量。还有就是看到小红书上有一类多文字的封面，内容流量都很不错，然后做了无效模仿。

事实上，并不是写的越多，用户能看到越多！很多封面之所以吸引人，不是因为体现的要点多，而是因为你在众多封面中唯独看到了它显眼的关键词或核心画面，如图4-9所示。所以除非排版能力极度到位，不要堆叠过多的信息。

图4-9　不同字数对封面传达的影响

3. 封面和标题内容重复

封面和标题内容重复会浪费信息传播渠道。封面元素多、色彩多、占的面积大，用户在做出浏览行为的时候，一般情况下，会先注意到你这篇内容的封面，然后浏览文字标题，封面标题和文字标题内容重复的话就浪费了这个封面应该有的传达度和意义。

封面和标题可以相互呼应，各自概括笔记的两大块内容，在封面上呈现更加吸睛的内容，在标题区域放用户常搜索的高频"关键词"。这样，用户在看到你的内容的时候，首先会被画面吸引，标题中的关键词又加深了这种印象。并且，在用户使用搜索功能找对应内容的时候，你的内容也更容易被搜索到。同时，标题和封面内容分开，也解决了上一条我们提到的关键词太多，不知道如何取舍的问题。

4. 封面和内容不符

避免封面中的标题党陷阱。我们都知道，标题党是特别令人反感的行为，把用户吸引进来又没有什么实质性的内容，那么同样，封面党也是不可取的。

可能我们会发现相当一部分内容，封面和正文不对应也没有关系，那是因为，虽然有封面党的嫌疑，但内容的精彩程度高过用户点进封面时的期待。但大部分情况下，用户的预期是高于封面的，用户会有失落感，被欺骗感，并且会影响到内容推荐。

5. 避开常换常新的陷阱

固定的封面带来稳定的流量。意识到流量不佳是封面的问题，然后每次都做大幅度的变动优化封面。一段时间下来，个人主页给人的视觉观感会相当混乱，用户浏览个人主页时就会产生不系统的判断。反之，如果你的封面清晰美观，高度统一，又极具辨识度，会更加有利于粉丝的转化，如图4-10所示。

图4-10 个人主页风格统一性对比

所以封面尽量统一格式，除非你的标识性元素足够强，不要频频更换封面风格，假如不满意当下的封面，可以每次改动一点点，慢慢演变或者提前做好几种备案，测试好哪种封面更加优质后，删除之前已发布的内容。

6. 避开模仿的陷阱

一味跟风，是没有特点的。什么样的封面流量好，就模仿什么样的封面，导致自己的账号毫无个性。

但别忘了，封面除了起到一秒吸睛的作用，还有一个重要的功能，就是一秒识别。粉丝对博主的第一印象来于封面图，一定要保留自己的个人风格，只借鉴不模仿，这样才能被别人记住。

7. 封面太过"广告"

去商业化才是封面设计的王道。用户从你的封面中看到了潜在被消费的风险。比如说有些机构号特别爱用PPT式、大字报式的封面，看起来就是一副引导用户成交的样子，用户自然会抱有警戒心理。这个其实也违背了小红书真诚分享的原则，把获利的目标展露地太过明显，根本就无法和用户建立感情，如图4-11所示。

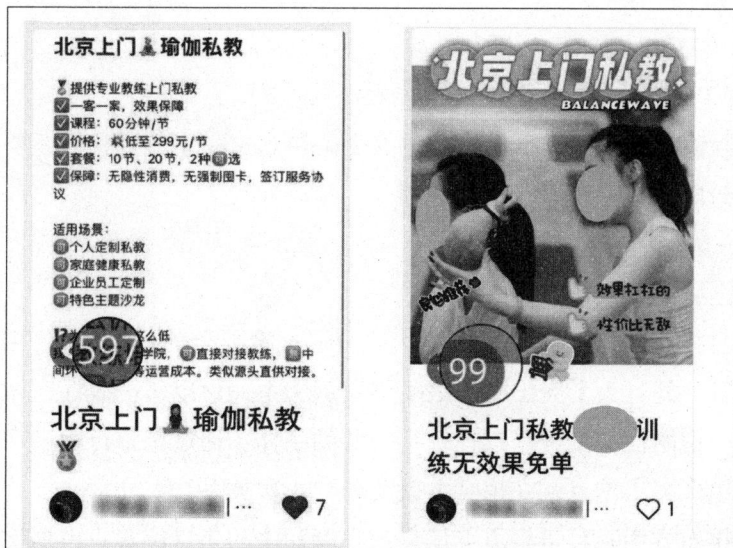

图 4-11　不同封面的流量对比

这也就不难理解，为什么有这么多的博主会在封面、标题、内容中反复强调纯绿无广，就是因为当下软性引导消费的内容太多了，要降低用户的戒备心理。

8. 避开多平台分发偷懒的陷阱

同步其他平台制作的视频时，直接上传，而没有进行封面的二次设计。

一来，画面容易被裁掉，重点信息完整度无法保全，或者周围留黑边，观感不佳。影响传播效果。

二来，封面的制作逻辑不同，不符合平台调性的封面足以毁掉视频爆热的潜力。为什么抖音、快手直接同步过来的视频会适应不良？为什么笔记各方面都很优质，却极度缺少阅读量？原因就在于封面的设计上。

9. 避开软色情等价值感导向不佳、不适感画面的陷阱

封面的尺度过大，充满挑逗性的字眼，大面积展示身材，或者其他令人产生不适观感的内容（手术场景、术后未完成恢复的场景、美容对比场景）。

当然，具体情况具体分析，平台也有自己的判断标准，主要还是从目的出发，如果是健身的类目，为了展示肌肉的走向和动作，那就可以适当展示身材。

4.3.3　封面设计的原则、基本点

设计封面时除了避开上面提到的九个陷阱，这一小节，我们还要来总结有效传播的封面，都符合哪些基本原则。

1. 信息层级清晰

在信息排布时，注意元素的主次之分。文案要分为一级标题、二级标题、说明文字等。并且为了突出字体之间的层级关系，可以对一级标题做加粗和放大的处理，说明性文字可以选择纤细一些的字体。通过调整行距和字间距对文字分块分组区突出重点，在视觉上就要建立主次关系。

元素排布方面，尽量将重点信息放在画面中的焦点位置，占据比较大的画幅。图中的主体元素尽量不超过三个，相互之间也要有主次之分。

颜色选择方面，人眼更易被对比强烈、色彩饱和的颜色吸引，所以也要通过颜色的差异处理来强调出画面的重点和次要重点，黑、白、红、黄、荧光色等都是作为一级标题非常不错的选择。

另外，为了保证封面中重要的信息都能被清晰地传递，画面如果比较杂乱，在罗列文字信息的时候建议铺个显眼的底色强调文字。或者利用引导线、箭头、圆圈、贴纸等给它强调出来，只是不要放太多，画面花哨反而吞掉重点。

2. 慎重添加文字

在字数上，添加文字要少而精，能准确表达内容即可，不要有过多的废话。如果不是文字类的排版，一排字数尽量控制在8个字以内。

在字体选择上，不同字体尽量不要超过三种。字体的选择要尽量结合画面的风格和内容，选择与之相匹配的字体颜色和类型，尽量选择可读性高的字体，一些手写体、繁体、造型字可以根据实际情况来灵活应用，更多的功能是美化封面、均衡排版，另外封面中不要使用过大文案，确保文字与主体内容保持和谐美观，总之以不增加读者阅读障碍为准。

在排版上，要把关键词堆到最显眼的部分，信息量要充分，主次要分明，大中小字号、重点标记符号要应用熟练，可以巧用热词、流量词点缀，或者突出作者标签和受众群体。但注意文案要与内容相符，或者有一定的关联性，切记不要为了单纯蹭热度，加一些图不对文的文字。我们要尽量避免恶意利用字体或文案标题党搏眼球的行为。

可以在字体排版的时候多花一些小巧思。比如调整字间距、行间距均衡画面布局、填补画面空白，在不喧宾夺主的前提下起到装饰作用。

3. 合理应用色彩

第一，封面的颜色要保持统一舒适的视觉状态，一系列的封面要采用同色系搭配，颜色不统一的情况，可以添加合适的滤镜或者手动调色、填色。

第二，要注意色彩对观者的心理和生理产生的影响，颜色传递情绪，黄色让人温暖、蓝色让人冷静、黑色让人压抑……冷色调适合严肃的内容，比如数码拆箱、干货分享；暖色调适合温馨亲切的内容，比如家居展示、美妆穿搭。

大家可以酌情参考，也可以根据兴趣阅读一些色彩心理学的书籍。整体而言，尽量保持画面的色调明亮和谐，毕竟鲜亮的颜色冲击感更强，更能使人轻松快乐。

第三，如果没有专业的设计功底，制作封面颜色不用太花哨，为了突出重点内容，有 1 ～ 2 个醒目的颜色或者撞色搭配就可以了，并且色块的面积和数量都不用太大或太多。

4. 小的细节要拿捏

第一，确保你的封面是清晰的。模糊的图片会大大降低观众的点击率，所以大家尽量上传高清的图片。

第二，不留水印。有水印的图片会影响平台的流量推荐。如果是从其他平台上截图、保存下来，记得一定要把图标/logo去除或遮挡住。

第三，调整封面尺寸时，不要随意的拉伸或者压缩封面图。确保图中画面的完整，避免出现扭曲或者被部分裁剪的情况。

第四，排版中注重视觉引导，使用简单的贴纸、参考线、重点符号。有了这些视觉引导，能够让画面被快速览读，干脆利落。

第五，封面要和正文中的配图或者视频搭配。不仅封面自身配色版式要和谐均衡，也要跟内容的其他组成部分保持和谐统一，千万不要封面一个颜色，正文一个颜色。

5. 优先呈现具有代表性的元素

如果是测评"种草"类，封面上要体现出本期测评的产品，特别是热门产品或著名品牌的logo，非常容易吸引到用户。如果是书单推荐，也要尽可能出现书本的封面，或者书本内页的真实拍摄图片。如果是故事的解说，要呈现故事主人公的形象。通过符号化的视觉增加大家的亲切感。

6. 多出现真实的人物

真实人物出现在封面上是有利于提高点击率的，真实、生动，具有更高的可信度！不仅能够让内容的浏览量增长，还能够建立识别度，让更多的人只凭封面就能够识别出你的内容，在点进内容之前就能有预判，甚至有获得感。

建议把人放在画面中的主要位置。当人物太大导致画面太满时，随便找一个作图App的"小头"功能用起来，画面立即就会变得很有空间感。

4.3.4　怎么做出自己的 90 分封面

想要做出自己的90分封面，可以沿着以下五个步骤逐渐优化。

1. 发布前先借鉴

大量浏览小红书，直到找出十张以上，你一眼看上去就不得不点击的优秀封面。总结归纳出它们在排版上能打动你的点，也许是某个贴纸特别萌，也许是某个颜色搭配特别顺眼……放开去想，往细节里去想，直到把吸引你的所有点都总结到一张纸上。

然后你会神奇地发现，自己总是被某一类事物吸引，能吸引你的便是你可能成为的风格。这种综合性的借鉴堆叠在一起，会形成你初步的个人风格。

2. 借鉴后再升级

初步形成的风格会比较不稳定，可能今天会一个样子，明天再用这个模版就做不出心动的感觉了。没关系，多做几张，请身边的朋友同事帮你评判每一张封面的优缺点。这个时候，某些你心中模棱两可的想法可能会得到印证，而某些你特别引以为傲的点也许会得到亲友们的批判。

没关系，无论你接收到的反馈是什么，冷静下来，想想大家反馈好的点为什么好，我有没有能力无限次重复达到这样的水平？大家反馈不好的点为什么不好，是因为我自己碍于排版能力没能发挥到极致，还是这个点本身就不太好？

得出心中的结论后，沿着一个方向不断地去优化。找出差异点，打造属于自己的封面特色。

3. 批量发布测试用户的关注重心

持续发布五篇以上的内容，每次的封面都做微调，直到你的封面帮助你产生了相对于目前的小爆款。假如你平时点赞都在10个以内，那么第一篇点赞几十的内容就是你的小爆款；假如你发布的内容平均点赞在100个以内，那么第一个点赞300～500的就是你的小爆款，以此类推。

也许原本觉得一定会爆的封面不温不火，而觉得会成为小透明的封面反而成为小爆款。没关系，冷静分析到底是由于什么样的原因增加了用户的点击。是某张图片特别有真实感？还是封面的关键词提炼的特别到位？把可能的原因写到一张纸上，总结出用户喜欢的封面是什么样，再去优化下一步的封面。

4. 建立自己的封面模版

一旦你的个人风格和用户的敏感点都找到了，就可以暂时把封面的元素固定下来，形成一套自己的模版，保存在手机作图软件或者电脑上。这样下次制作的时候，直接简单替换图片和修改文案就可以搞定了。把宝贵的精力更多地放在内容打磨和关键词提炼上。

5. 定期升级封面

稳定输出内容一段时间后，可以逐渐升级或丰富版面的样式。一般笔者会把升级封面的节点放到内容疲软期，原因是上升期换封面不能保证新换的封面一定更受欢迎，可能出现反效果，而疲软期换封面却一定能够给用户带来新鲜感，既然无论如何都要升级内容，那么干脆连同封面版式一起换掉。

做好这五步，虽不能保证你一定拥有100分的封面，但最起码90分就可以达到了，剩下的10分就靠大家天才般的灵感和超越现有方法的行动了。

4.4 突破高转粉：图文笔记的创作秘诀

在内容创作形式上，图文笔记绝对是小红书平台的一大特色。大面积的图片展示，精致的文字排版，高品质的内容价值，三者缺一不可的构成了小红书图文笔记可读性高，收藏价值性高，容易产生干货的内容特点。虽然随着视频笔记的崛起和平台推广视频号的大动作，小红书图文笔记的占比减少，但这种形式仍然在小红书扮演着重要的角色，地位不可撼动。本节会帮助大家建立创作小红书图文笔记的底层能力。

4.4.1 了解图文笔记

小红书图文笔记可以分为封面、标题、配图、正文四个部分，四个部分相互配合，分别发挥不同的作用。一般用户的阅读顺序都可以分为以下两种：

阅读封面→阅读标题→点进内容滑动配图→阅读正文小字。

或者，阅读封面→阅读标题→点进内容阅读正文小字→滑动配图，如图4-12所示。

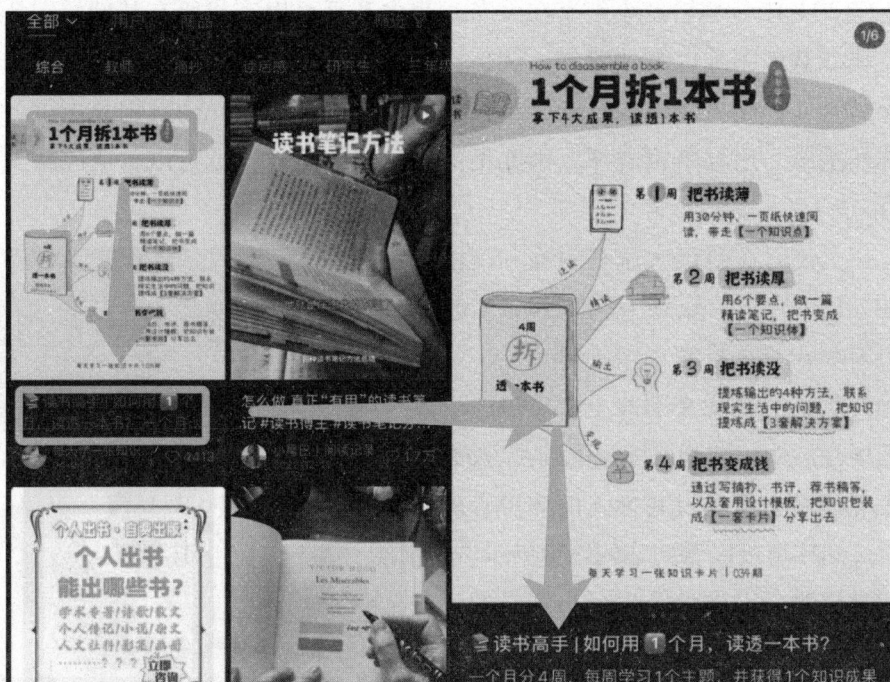

图 4-12 用户的阅读顺序

所以，内容和数据之间是存在对应关系的，我们可以合理推测：封面+标题→决定笔记的点击率；正文+配图→决定笔记的互动率。想要针对性提升笔记的点击率，或者互动率，就要针对性的下功夫。

封面和标题的创作技巧我们在之前都有分享，因此不多叙述。我们从配图、正文及其发布时的注意事项等其他细节来去深入了解小红书的图文笔记。

1. 配图

（1）尺寸。同封面一样，小红书的配图尺寸可以裁剪成竖版3∶4、正方形

1：1、横版4：3，三种尺寸，大家上传时记得调整好图片布局，避免重点信息被裁剪或者留出多余的白边。

　　小红书图文笔记最少上传1张图片，也就是无配图的状态；最多可以上传9张图片，其中首张图片会被默认为图文封面。在发布页面可以左右任意拖动单张图片，来移动图片的展示顺序。由于用户会习惯性左滑浏览图片，配图数量在3张以上或者用满8张，是比较合理的图片数量。

　　（2）上传与编辑。小红书在发布过程中几乎可以完成所有基础的图片编辑，比如裁剪图片、添加背景、调色、添加滤镜、添加文字、美颜等，如果想丰富画面，还可以添加贴纸，小红书的贴纸十分精美，而且划分出了各式各样的主题，用起来很方便。因此不借助站外作图软件也可以打造出精美的图片。

　　在上传时，建议大家在封面和配图上添加标记（用户、地点），如图4-13所示，会更有利于算法推荐，增加曝光。标记会在用户浏览时展现在图片上，点进去可以看到聚合页面，浏览该标记下的推荐内容，这也意味着粉丝通过其他人的内容点进标签时，同样也可以看到你的内容展示。

　　上传时可以添加音乐，小红书的音乐库是很丰富的，有清新、欢快、美食、治愈、旅行等各个类目的音乐。音乐能烘托内容氛围，让用户沉浸式的浏览；另外就是碰上很喜欢这首音乐的用户，会将音乐听完再退出浏览，大大延长浏览内容的时间。

　　（3）存储草稿。如果有需要临时退出编辑，可以在退出编辑页面时选择保存草稿，下次直接通过自己主页左上角的【≡】，进入【我的草稿】直接编辑。

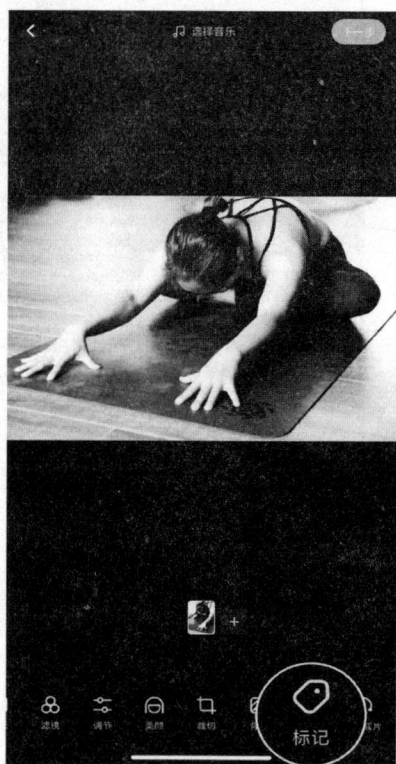

图4-13　添加标签功能

2. 正文

小红书图文笔记正文是有字数上限的，最多只能显示1 000字。不过我们一般很少把正文区域填满，因为字数太多，会增加用户的阅读压力和创作者的排版及信息整理压力。所以即使是干货分享、经历分享等需要一定文字体量的内容，一般最多也只有600 ～ 700字。当然，字数也不宜太少，应当把重点信息展开分享，不然整条笔记的压力就全部落在了标题和图片上。

3. 发布细节

（1）在正文中@已关注用户，跟你的关注好友互动。这个功能很常用，比如在内容中借鉴其他博主的创意等情况，就需要@当事人以示礼貌。

（2）添加话题和地点，增加笔记的曝光量。合适的话题不仅仅是更容易受到官方算法推荐，也更容易被用户检索到，甚至获得官方的流量推荐。而添加地点能够让你更多地被附近的人发现到，有利于增加黏性粉丝，制造获利机会。

（3）在高级选项中添加直播预告，如果你的账号运营状况良好，可能还会慢慢解锁其他功能选项。

（4）如果已经在小红书开通了店铺，还可以选择关联商品，这样就可以直接图文带货了。

4.4.2 常见的图文笔记分类

小红书上常见的有统一特点的图文笔记，可以概括为下面这些大类，大家可以当作自己创作图文笔记时的参考。

1. "种草"与"拔草"笔记

小红书以"种草"闻名，平台上大量的"种草"笔记绝对是居功至伟的功臣。早期的图文笔记在"种草"方面应用非常广泛，无论是一周穿搭，小众设计饰品分享，还是护肤品评测，只要满足图片精致好看，排版文字清晰美观，基本上都能有不错的点赞、收藏、评论。

而随着小红书"种草"类内容类型越来越丰富，避坑"拔草"类的内容层出不穷，因为能帮助用户捂好钱包，在小红书也特别受欢迎。比如很贵但很难用的大牌化妆品，买了只能压泡面的电子产品避坑等，如图4-14所示。

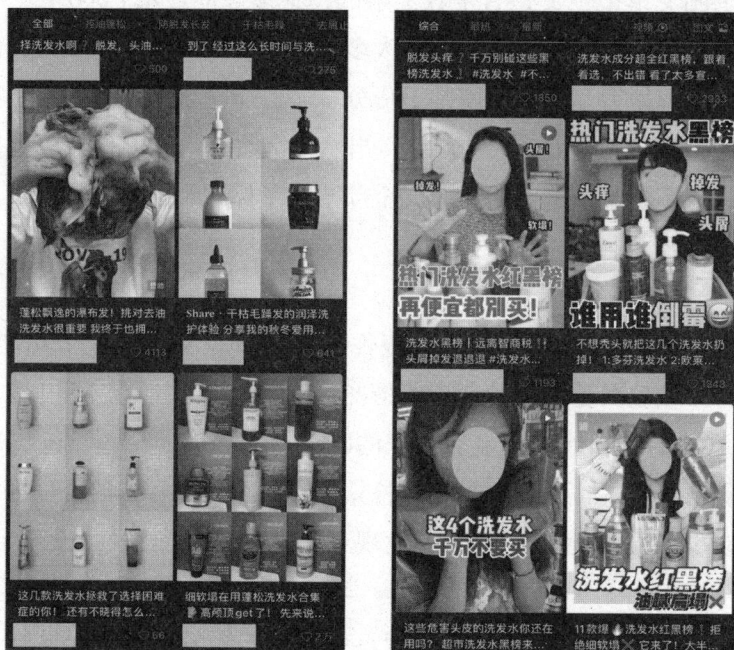

图 4-14 "种草"与"拔草"类内容

做"种草""拔草"笔记有两个最重要的点，一个是全，一个是细。

全，主要考验的是信息整理和排版的能力。将大数量的产品集中在一篇笔记上，比如全网最全的牛油果色穿搭，最全面定妆喷雾产品测评，14支热门眼线笔排雷，吃不胖的健身零食汇总，等等。

细，主要考验的是信息深入挖掘的能力。将一个产品拆解到极致，比如以专业研究人员的身份深挖某个产品的成分。或者挖掘某个产品最打动人的点，比如油性皮肤钟爱的不晕染眼线笔。所以如果"种草""拔草"笔记在你的主要创作版图里，一定要做好用户分析，了解清楚关注你的用户或者你想吸引的用户，包括年龄、地域、性别、职业、生活习惯等都要掌握在心中。

不过，随着小红书对于优质内容的要求越来越高。早期把产品放在人为搭建场景中进行摆拍，在品牌官网下载图片用以内容创作等不够真实、难以产生信服力的做法，官方已经不再推荐。想要让"种草"笔记获得好的流量，可以尽量展现产品真实使用过程，然后把最能够呈现产品特点或功效的图片单个拿出来或者拼图作为封面。

比如，你想"种草"一瓶很牢固自然的刘海定型发胶，就可以分四张图片拍摄，先手拿发胶拍照展现产品外观，然后拍摄喷洒瞬间展现喷雾细腻度，随后梳好发型呈现定型效果，最后手持吹风筒证明真的可以产生风吹不动的"铁刘海"的功效。四张图片做好之后，可以单独拿出风吹刘海的效果图，或者将手拿产品图+喷雾喷洒图+风吹刘海效果图做成拼图，配上生动的文字标题就可以了。

2. 干货分享

在当下的主流平台中，许多爱学习的用户，聚集在 B 站、知乎、小红书。而图文笔记因为逻辑清晰，符合大家的学习整理习惯，在知识干货分享等方向也是非常热门，如图 4-15 所示。

这类笔记的特点是字字珠玑，毫无废话。知识区更看重干货内容，信息清楚易懂、逻辑性强的内容比堆积华丽辞藻的内容更受欢迎。并且在内容结构上一般采用总分或总分总的形式。封面图罗列出重点内容，配图和

图 4-15　干货分享类笔记

配文中再去拆解精讲，如果内容较为复杂，最后再进行干货内容的总结。

（1）教程类。某件事的实现方式或达成模版。比如怎样做某款蛋糕，如何瘦大臂，怎样写工作总结，如何做好个人时间管理等。

某个产品/App 的常规使用；比如从零学 Notion 的系列教程，详细讲解小米相机的专业拍照模式等。

生活中常见 App/产品/物件的不为人知或者创新使用方式。比如如何利用 PPT 完成抠图，怎样利用一个修容盘画全妆，怎样利用闲置眼影做美甲，怎样用普通塑料勺制作耳饰。

这类内容的特点是步骤清晰，每个步骤在图片展示时就已经大费心机，比如会有箭头、虚线、波浪线、圆圈、对号、实心三角、桃心等符号标注出重

点，并在正文配有单独的文字讲解，如图4-16所示。在文字讲解部分经常还会用到Emoji符号或者标记顺序的数字型符号，清晰区隔开每个要点。

（2）笔记类。笔记类内容是干货信息的高度罗列，如图4-17所示，常见的形式有：

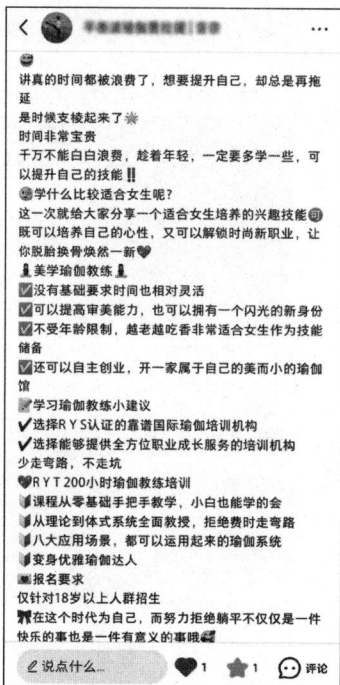

图4-16 用对号Emoji来进行序号标识

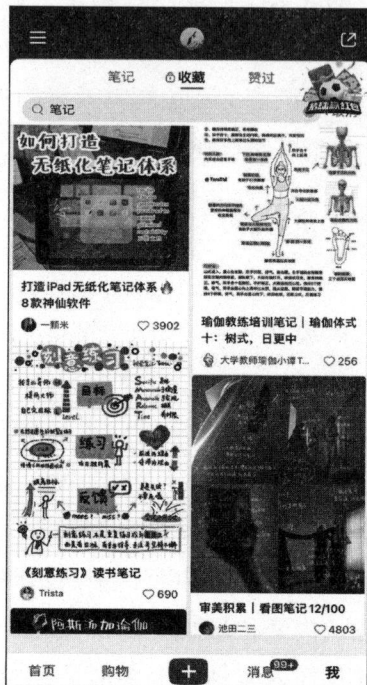

图4-17 笔记类内容

手写或电子笔记。写在纸上或者是专门的笔记App上。常常用点阵、横线、方格纸张作为背景，用荧光色或者其他鲜艳的颜色强调标题，简单的符号、图画、便签、贴纸作为点缀和重点的强调。排版比较简单，文字丰富但可读性极高，画面饱满密集，给人干货感和真实感极强，如同翻阅纸张。

照片或图片笔记。以图片数量丰富，排版精美为特点，图片中的文字只作为重点强调和点缀，在正文中往往还会有更加丰富细致的讲解。这种笔记能够传递比较强的专业感，很适合新媒体领域、市场营销、金融领域等需要专业身份背书的内容。另外对于创作者的审美能力要求比较高，在配色、信息层级排布等方面都有相当高的要求。

思维导图。最突出的特点就是关键词丰富、架构清晰，由一个点出发，不断向外发散分行成知识网络，给人非常强烈的权威感。特点是创作过程简单，传播效果好，直接在思维导图App写下内容，截图即可。

总的来说，笔记类的内容是一个发挥梳理知识、清楚传递信息的笔记类型，只要你的内容充实，排版结构紧凑，大概率就能够收获不错的流量。

（3）观点类。观点类笔记是直抒胸臆，对生活中的各种事物和现象发表看法的内容。常见的分类划分如下：

对于热门新闻、近期有争议的话题、生活中的某个现象、历史上的真实事件等，直接抛出自己的观点。比如上班心情很差该不该裸辞，有钱应该投资自己还是先存着。或者以问句的形式，先提问，再解答。

与他人观点互动。比如针对某个社会人物的发言做出自己的观点解读。最简单的制作方式，就是截取某个视频片段，将主要观点做成拼图，然后在此基础上发表自己的看法。

发表对某个专业领域的看法。比如瑜伽教练是否有前景？多频道网络机构（MCN）的未来改革之路，等等。对于这类内容，格局和深度非常重要，哪怕你写在手机便签上直接截图，只要你的观点够犀利，角度够新奇，就可能收获大波流量。

观点类内容很重要的一点是开门见山。用户在浏览封面或标题时，就能够接收到观点或者观点的暗示。在阅读的过程中，赞同的人往往更赞同，反对的人往往更反对。如果是争议性较大的问题，在评论区很可能会出现"沉默的螺旋"的现象，也就是人们因为害怕被孤立，在公开表达时更容易随大流，即使赞同反方观点仍会选择默不作声，就像螺旋一样，一方的声音越来越沉默，一方的声音越来越强大，最后产生一边倒的情况。所以作者在图片和正文中的积极引导就显得特别的重要。

而分点叙述，观点鲜明，是促成内容高曝光高点击的重中之重。如果你有专业身份背书，比如资深营养师讲酸奶减肥争议，就更有说服力。

（4）信息汇总类。信息汇总类的内容因为干货含量高，去水分化强，所以往往收藏量都非常可观，属于在所有笔记类型中比较好做的一种，如图4-18所示。常见的信息汇总笔记分类如下：

榜单类。书单、影单、综艺榜单等，比如跟某几部综艺学说话之道，快速提升审美的影单等。这类内容往往对于氛围感要求很高，需要营造特定的感觉，比如书单可以选择手持书本在桌面随手拍的照片作为封面，影单可以选择精致好看的电影海报做成拼图等。总之就是审美在线的前提下，让画面帮你讲出你想讲的话。举个例子，假如要做一份励志书单。那么你从画面就要调配好励志自律的基调，就可以布置电脑/平板、暖色灯光作为画面背景，然后手持书本拍摄，配上显眼大方的文字作为标题，小字文案重点解说书本内容和标注详细信息即可。

特定信息汇总整理。比如某某综艺高质量金句的汇总，写作投稿网站的全面汇总、国家出品的好用App汇总，等等。这类内容因为整理的干货较多较碎，所以往往会在封面和配图中用到表格。并且在正文中还会用1234的Emoji符号或者❶❷❸①②③等标记条数的符号，清晰的区隔开每条信息，如图4-19所示。

图4-18　信息汇总类内容

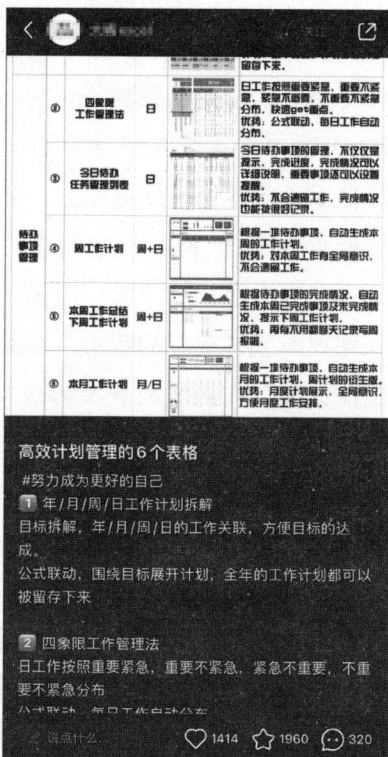

图4-19　信息汇总类笔记内容形式

规律总结类。汇聚多个案例找出统一规律，比如拆解了200多个账号终于找到了流量密码；或者找准一个代表性案例进行深挖，比如某某品牌如何实现创新转型等。这类内容需要创作者们有极强的信息分析能力，剖析的越深入，收藏数就会越高。

大家在创作该类内容的时候，不要原封不动地搬运其他创作者辛苦整理的信息，如果大面积的引用，记得在正文或图片中标记来源，这不仅是尊重他人劳动成果，更是对自己的尊重。

3. Plog 类

Plog（图片博客）类是用图片记录生活的一种方式，常常用大量的图片，配合丰富的文字和贴纸，去传递一种感觉和氛围，给人无限的遐想，往往与一切美好相关，如图4-20所示。常见的Plog类型如下：

晒活动晒日常。比如美好日常的碎片，旅行记录，家里的猫咪，看书阅读等。风格往往温柔简约干净，给人视觉看着十分舒适。常见的有每日图片博客（Daily Plog）、每周图片博客（Weekly Plog）、自律Plog、旅行Plog等。晒幸福晒情感。比如一家人和和美美的全家福，可爱的宝宝，给老公做的爱心餐，一人一猫一狗的慵懒午后等。

晒成长晒变化。成长变化总结，比如一年内的妆容变化，十年的审美蜕变，等等。晒数据晒真实。比如消费记录的截图，存款记录的截图，自律打卡天数的截图，运营数据的曝光，等等。晒成果晒成就。分享自己的一些小成就，比如自己的绘画作品、亲手装修的房子、手工工艺品的成品、创意菜品的集锦、上了综艺分享在现场的快乐碎片等。

晒美丽晒氛围。每个打动审美点的场景，比如一家安静的院落，一场夕阳落日。晒身材晒颜值，秀出自信和气质，比如潮流的年轻女性，腰围只有59厘米的小蛮腰等。晒态度晒状态，比如美丽老去，活力运动，并配合文字展示自己的个人理念，比如穿衣自由，建立底层自信，等等。

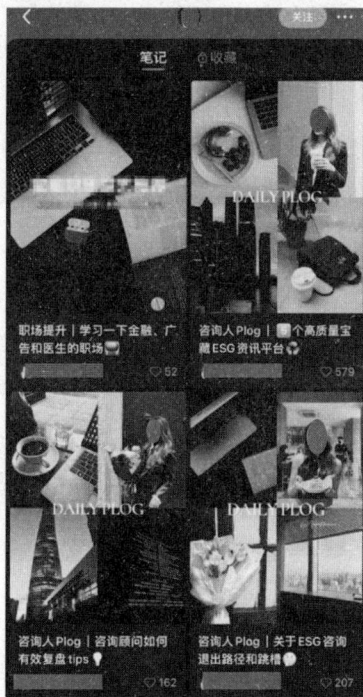

图 4-20　Plog 笔记内容形式

总之，Plog类的内容最大的特点就是内容精品化。图片极致好看，无论是1张还是9张，每张图片的色调、文字排布、贴纸应用都是契合的。甚至可以在发布时选择合适的音乐伴奏，让用户可以一边沉浸在音乐的氛围中一边浏览内容。

4. 互动类

主动引起话题让用户参与讨论的，都可以算作互动类的笔记，如图4-21所示。互动类的内容在增强粉丝黏性这个板块有奇效，但因为本身干货感较低，除非是搞笑娱乐类型的博主，一般只可以当作账号风格的调剂，而不能作为长期内容出现。常见的互动类内容分类如下：

采访式互动。常用句式是"想问问大家+问题"。比如，"我想问问大家，存多少钱心中会有底气？""就想问问大家，你们的猫主子也这么霸道吗？""想问问大家，这算抄袭还是借鉴？"如果用户觉得你发起的话题有意思，就会跟你互动，发表自己的观点。

图 4-21　互动类笔记内容形式

求助式互动。请路人朋友解答自己目前遇到的问题。这种内容因为放低了姿态，得以让浏览者变身为分享者的角色，因此互动率极高。比如，"求助万能的小红书姐妹，这个小老虎钱包是哪个牌子？""求助！帮我看看更适合哪种穿搭风格？"往往这种求助帖不仅解决了自己的问题，还能达到其他额外的效果，比如"种草"、吸引同频的粉丝等。

朋友圈式互动。如同我们自己经常在朋友圈发布的内容，想说什么都可以。比如生活中的尴尬事件，遇到某件事的感慨，或者特别搞笑的事情等等。比如淘宝买衣服小到离谱穿在身上产生了特别有趣的效果，切开一棵蔬菜结果发现与预想的大不相同。

做互动类的内容大家一定要把握尺度，一旦过度就有故意卖乖博人眼球之嫌，被平台打上违规的标记，永远记得小红书平台的价值观是"真诚分享"。

5. 视觉类

以高颜值作为吸粉涨粉点的，都可以算作视觉类内容。比如绘画作品、摄影作品、家居装修、小众珠宝设计、海报设计等。跟Plog类内容最大的区隔是，Plog的存在是为了记录生活，而视觉类笔记则单纯是美学上的展示，如图4-22所示，如果是房间的展示，会特别有格调，如果是人物的展示，会特别有氛围。美，好看，精致，是这类内容的统一特点。

这类内容适合本身有设计功底、美学功底的创作者们，特别是本身风格自成一派的创作者。往往一张图片，一个标题就能够击中大家的审美点，引来赞赏无数。因此对于正文的创作没有太高的要求，想做好视觉类笔记，把美发挥到极致即可。

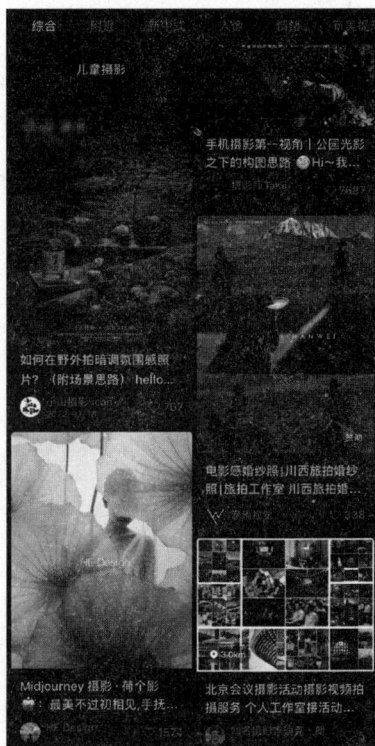

图 4-22　视觉类笔记内容形式

6. 宣传告知类

图文笔记因为明晰直观，所以常常可以用来做宣传告知类的用途，常用的几个场景如下：

告知动态，对话粉丝。将平时想讲的话以文字的方式记录下来，会显得特别真诚。比如写给粉丝的感谢信，让粉丝感受到你对她们的尊重。告知大事件，比如获得了奖项，接到了第一份商单，准备接下来要调整内容方向，等等，都可以通过图文笔记告知粉丝。经常发布这类内容，会让用户看到一个更加丰满立体的人物形象，有助于粉丝黏性的维系。

宣传运营，维权借势。发挥海报的功用，进行大事件或福利活动的通知，比如在平台要上架知识付费课程了，或者要抽奖送礼物了。这类内容不需要计较点赞、收藏、评论，只要阅读量足够多，能够达到告知的功效，就是一篇

60分的及格内容。维权借势，自己孤立无助的时候，众人拾柴火焰高。比如某某博主抄袭，用图文方式就可以很明晰的晒出证据，请求网友帮助维权，有非常大的功用。

宣传告知类内容目的感强烈，根据目标优化内容，可以迅速达成预期，所以要善于利用。但需要注意的点是，该类内容也不宜太多，大家尽量还是以能够帮助用户或者能够满足用户需求的内容作为核心来运营。

以上就是小红书上主流的六种图文内容，还有更多类型就留待大家自己钻研探索。

4.4.3　写好内容文案及优化

怎么写好小红书的内容文案呢？其实很简单，只需要做到四点：层级清晰、简单、真实、有效。为了满足这四点，我们要做足以下这些功课，如图4-23所示。

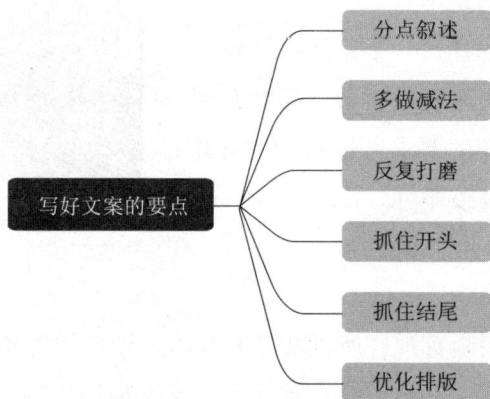

图 4-23　写好文案的要点

1. 分点叙述

将内容模块化、结构化，建立好基础的框架。

尽量多分段。一段话，一到三行字是比较合适的。如果文字太多，密密麻麻，会让用户失去耐心，丧失阅读的热情。

提炼小标题和关键字。可以把正文划分成几个主要的部分，给每个部分提炼出小标题或者关键词，告诉读者重点在这里，这样即使用户没有耐心从头读到尾，也能够通过清晰的标题和重点去了解该篇笔记的主要内容。

信息层级要清晰。结构清晰的内容能够大大降低用户的阅读障碍，帮助准确传达信息。我们可以梳理文字信息按照重要程度排序、时间顺序排序、使用步骤排列等，同时也要注意信息归类，比如按照地点分类，按照价格分类、按照实用程度分类等。

2. 多做减法

删减每一句话。从细微处入手，删除所有累赘的字、词、句和所有可能会造成信息干扰的词句，比如多余的"的""得""了""就"。

删减内容。内容要为目的性服务，一条图文笔记中不可以出现太多散点，内容不聚焦，写的越多越浪费。比如讲蜜桃臀，虽然调整足踝会对臀型训练有帮助，但你把它放在一堆练臀动作中就会分散用户的注意力，最后适得其反，讲的越多用户越不耐烦。

3. 反复打磨

深挖细节，多修多改。已经不错的句子，还能怎样优化？是否有更加合适的词？认真的创作者作图文笔记多少有点僧"敲"还是僧"推"月下门的意思。举个例子，"拯救凹陷臀"和"凹陷臀填坑"你觉得哪个更吸引人呢？可能只是一个小小关键词的变化，就决定了你的内容是点赞过百还是点赞过千。

4. 抓住开头

一个是否亮眼的开头，决定了用户能否有兴趣继续浏览你的内容。因此，在开头我们一定要多下功夫，常见的一些方法如下：

亮出有价值的观点。开头即犀利精辟的观点，好奇心上来了想不看都难。

以金句开头，朗朗上口的金句最适合放在开头吸引用户。一旦击中用户内心，一定会继续阅读其他部分的内容。

以故事开头，比如"我有一个朋友……"老套但好用，毕竟爱看故事是每个人的天性。

以提问开头，提问放在开头，可以引发用户们的思考，进而翻阅你的内容。

对比式开头，比如"从复旦高才生到肉铺老板"，有对比，有反差，也是用户喜闻乐见的开头。

在开头强调价值，吸引大家有耐心读完全程。比如"本篇内容分享了从0～1快速起号的过程，如果你是纯素人，一定要看到最后。"

5. 抓住结尾

一个优质的结尾决定了你的笔记是否能达到一个较高的粉丝转化效果，毕竟结尾是用来强调价值的黄金区域！常见的一些方法如图4-24所示。

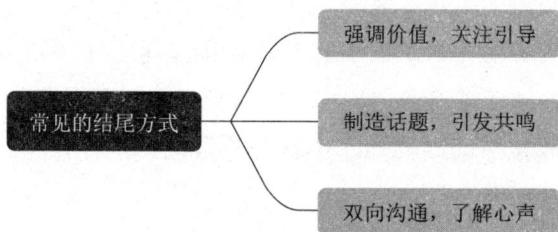

图4-24　常见的结尾方式

（1）强调价值，关注引导。

强调关注后的价值，关注我之后可以看到怎样的内容，可以拿到怎样的福利等。其实这样一来就相当于给用户下达了一个指令，就像服务员问鸡蛋要买一还是两个？被问到的人大概率都会至少买上一个。所以如果观众对你的这篇内容还算满意，很可能就会订阅你的账号。"关注我，查看更多美妆干货"，"希望今天的分享能对你有帮助，关注我一起自律！"只需要简单一句，就能够吸引更多粉丝，一定要抓住结尾！

（2）制造话题，引发共鸣。

通过制造粉丝参与感，来激发读者收藏评论分享。可以深化主题，制造高情感浓度的宣言，比如"倒立只是努力的堆积，平凡人只要努力，都能起手倒立！"也可以采用提问的方式，比如"你的忧郁情绪被治愈了吗？"

（3）双向沟通，了解心声。

不像传统写作中，你看我读的单向信息传输，在小红书创作文案的过程中，我们不仅仅要扮演好信息发出者的角色，还要作为信息接收者尽可能收集用户的反馈。所以就要求我们创造聊天的感觉，积极地引导用户留下我们想获得的信息，以此作为后续不断修正内容的依据。同时呢，用这种方式也可以增强用户的参与感，建立双方的情感联系。比如"评论区朋友有类似体验可以同步一下！我会当作下次选题分享干货给大家！"

6. 优化排版

小红书的文案短，不需要像微信公众号一样用专业的排版工具进行复杂的排版，将字体、字号、段落、配图等都考虑进去，但也因此，需要更加精心的构思文字和文字之间的关系。有几个排版的原则大家可以注意，如图4-25所示。

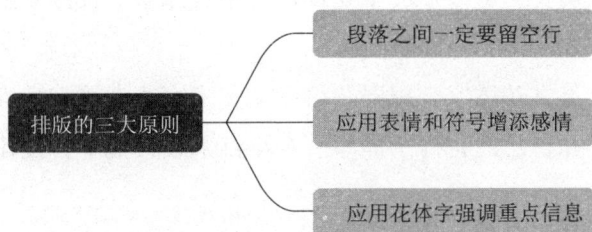

图4-25　排版的三大原则

（1）段落之间一定要留空行。

密集的文字阅读困难，很难抓住用户的眼球，空行可以增加可读性。换行的方式一：打字时，连续按两次换行键，可以空出一行。换行的方式二：单独打出"＿＿＿＿"这些视觉较为低调的符号，占用一行以表示分割线。

（2）应用表情和符号。

强调重点。利用好表情符号，可以提高内容的完读率。每句文案开头的时候，可以加个符号或者小表情。想要强调的文字前后，也可以加上符号或者小表情。Emoji表情放在小标题、段落开头、关键词句之前能够起到提示重点的作用，在小红书，用户已经习惯跟着Emoji找重点的浏览方式。

美化排版。在正文中添加表情符号，简约美观，能够增加阅读趣味性，防止用户因为阅读大段文字而感到疲劳。但是表情符号不要放太多，过于复杂会喧宾夺主，反而降低阅读体验。

（3）应用花体字。

一些特殊的字体和符号。花体字跟Emoji可以发挥的作用基本是一致的。

但是 Emoji 的色彩鲜艳，花体字会更加的低调一些，可以跟 Emoji 结合排出典雅、大气、可爱等各种风格的文字。可能大家会很好奇，小红书上的花体字都是怎样打出来的？这里给大家提供一些工具和方法：

第一种，使用字体 App，例如花样文字、Fonts 等。

优点：非常全面，如哥特体、海马体等花样字体、颜文字、贴纸字体、符号……样样都有。

缺点：基本上都是付费软件或者付费使用某些字体。

第二种，使用免费小程序——神奇字体。

优点：操作方便，这个小程序也是笔者从小红书上"种草"的，直接打开微信小程序输入英文，可以生成十几种的常用花体字，直接复制到小红书就可以了。

缺点：只有英文花体字，想要获得中文美术字或者颜文字等就没办法了。

第三种，建立自己的花样字体库。在小红书或其他平台搜花体字文案，依次复制粘贴收集。

优点：一次性投入永久性享用。

缺点：第一次搜集整理时比较耗时。

笔者一般会把第二种和第三种获得的方法结合，这样可以任意输入英文文字搭配好看的小符号，并且是完全免费的。

4.5　玩转视频：吸睛的创作秘诀

在短视频风靡的今天，小红书玩家们也开始纷纷尝试短视频内容创作，而小红书官方也推出了专门的视频号供创作者们升级，在创作者中心还专门设置了视频号成长计划为视频号创作者进行专属流量扶持与指导服务，所以了解视频笔记的创作方式变得尤为重要，本节我们将详细讲解短视频内容的创作秘诀。

4.5.1　了解视频笔记

小红书视频笔记同样可以分为封面、标题、视频、正文四个部分。封面＋标题→决定笔记的点击率；视频＋正文→决定笔记的互动率。其中我们重点来了解一下视频的部分，这是视频笔记和图文笔记最大的不同。

1. 在小红书上传视频，同样也是有尺寸要求的

视频尺寸这个问题大家一定要注意！如果上传尺寸和小红书上规定的尺寸不相符，系统会自动填充黑色背景，很影响用户的观看体验。此时，大家可以放大视频铺满屏幕，或者另行填充好看的背景颜色。

小红书一共有五种推荐上传的尺寸，分别为竖版9∶16、竖版3∶4、正方形1∶1、横版4∶3和横版16∶9。在视频上传后有截取封面的环节。竖版视频上传视频后封面截取比例统一是3∶4，正方形视频封面截取比例是1∶1，横版视频上传后封面截取比例统一是4∶3。也就是说，大家要注意好9∶16的视频和16∶9的视频，单独制作封面，或者注意不要让重点信息放在四周，避免被裁掉。

听起来会有点绕，但请一定要作为重点来吸收。为了避免在封面上多费时间，"懒人"可以直接上传3∶4或4∶3的视频，截取哪一帧当封面都安全可靠。

2. 在小红书上传视频需要注意时长的要求

小红书平台普通用户视频时长上限是5分钟，随着运营层级的不断攀升，在达到某些条件时，可以最长发布15分钟的视频。

在没有视频创作经验时，建议大家从1分钟甚至更短的短视频起步，可以提高内容的完播率。时机成熟之后，慢慢增长视频时长，长视频更受官方推荐，也更符合小红书用户的浏览习惯，并且优质内容可能会获得额外的流量加持。

另外大家也可以根据自己要创作的内容方向决定创作时长，1分钟以内的视频适合需要快速讲清楚的内容（但不建议太短，十几秒的视频是拿不到官方流量推荐的），3～15分钟的时长适合透彻精讲的内容，比如深度的评测、教程类的分享、运动带练等。

3. 发布视频时可以选择特殊功能

同图文笔记一样，大家也可以@已关注用户或者添加地点标记，以及进行视频剪辑的所有基础操作，比如添加背景音乐、转场、特效、自动识别字幕，添加花体字、贴纸等。建议大家点进发布页面进行简单浏览，很快就能上手操作。这里重点讲解一下小红书视频笔记的章节功能。

章节功能的出现，主要是因小红书的视频时间偏长，为了让粉丝们可以更加清晰地理解创作者们的表达，提前了解一条视频的大致内容，以及随心所欲的拖动到自己想看的重点。创作者在上传视频页面，选择【章节】，将视频拖动到心仪位置，点击【添加章节】即可。

创作者们完全可以按照自己的内容大纲进行章节的添加，需要注意两点：第一，两个章节之间必须相隔5秒以上；第二，每个章节在命名时最多可以输入14个字。

4.5.2　避开脚本创作中的弯路

脚本在整个传播学相关的领域中应用都特别广泛，电影脚本、动画脚本、广告脚本等，它的价值在于，能够最大化让信息接收者理解脚本创作者的意图，因此是团队协作时必不可少的环节。

同样的，在自媒体创作中，脚本也相当于行动指南。提前想好分几个部分拍摄，每个部分需要呈现什么样的信息、场景，要营造怎样的氛围，用什么样的镜头达到什么样的效果，能够梳理执行思路，让我们在创作视频笔记时更加具有条理性。如果没有进行梳理就着手拍摄，那么你将面对的很可能就是臃肿过量的拍摄素材和没有头绪的后期剪辑工作。

较为完整的脚本，包含：序号、标题、场景/道具、时间、景别、拍摄角度、画面描述、文案和配音，但比较适合有协作团队的情况。倘若是个人创作者，那就完全没必要这么麻烦了，脚本是帮助我们理清思路而不是增加工作量的，无论是表格还是文档，只需要对想拍摄的内容进行构思、概括和梳理，归纳出适合自己的脚本模版就可以了！

小红书创作者们常见的脚本可以分为以下四类，如图4-26所示。

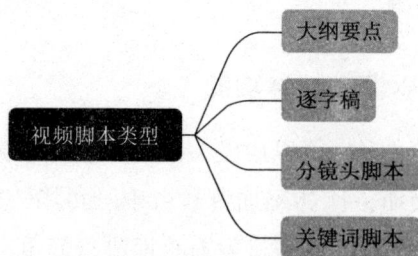

图 4-26　视频脚本的类型

1. 相对简单的拍摄大纲

大纲脚本顾名思义，只要写清楚内容梗概就可以了。

可以是内容结构提纲，按照开场白、中间过程（拆成小的板块）、结尾等创作逻辑概括出视频大致的内容。也可以是时间线大纲，列出画面拍摄场景和对应文案，按照时间发展顺序进行内容的填充。

创作者只需要记录自己要讲的重点和关键词，防止漏拍、错拍即可。

2. 可以照着念的逐字稿

如果是台词比较多的内容，比如观点类、干货类，可以直接写下大段落的口语化的文字，方便使用提词器进行拍摄。不仅能够很好地解决新手创作者一拍视频就忘词的问题，而且也能防止漏讲重点。

但是也有缺点，眼睛一直盯着屏幕或者提词器，眼睛不够灵动，会很容易显得生硬，让别人看出有背稿的嫌疑，所以还是更推荐写内容大纲。

3. 详细的分镜头脚本

对于短视频创作者而言比较复杂的一种脚本形式，适合故事类短视频和需要复杂剪辑的短视频。记录的维度主要包括场景、内容、镜头、景别、时长、音乐、道具等，需要创作者在脑海中提前想好成片的样子，再按照顺序罗列每一个关键画面，把内容拆分成镜头，落实在每一个细节上。比如，有一些比较小的物体要突出，可以提前构思好机位。适合有一定创作功底的用户。

4. 关键词脚本

很多情况下，创作甚至不需要大纲，列出创作主题即可。比如经常上课的老师，经常提案的策划人，在分享观点时给他们完整的稿件反而影响传播效果，倒不如现场发挥。

还有一种情况，比如旅行类、体验类等内容是无法提前预知看到的景色和遇到的人物的，那么有一个大致的想法结构就可以了，备注好画面、景别（远、全、中、近、特）、拍摄角度（平拍、侧拍、俯拍、仰拍）、视频的亮点、开场和收尾、台词和所需道具，罗列关键词即可。

很多新手创作者会被视频脚本吓住，在还没有动手拍视频的时候就因为不会写脚本停下了脚步。视频脚本听起来很专业，其实也不过是我们创作过程中的一种工具而已，大家要去掌握它，而不是被它掌握。

4.5.3 拍摄环节的注意事项

在脚本准备完毕之后，千万不要一股脑扎进拍摄环节，在这之前，要针对短视频形式的特点提前做一些准备工作，否则就会出现各种NG场面（拍影片过程中经常听到导演喊NG，意思是说不好，让演员再来一次），拍出来的内容效果和自己设想的完全不一致，接下来就和大家详细分享笔者在短视频拍摄环节总结出来的六大注意事项。

1. 尽量真人出镜

真人出镜是让你被别人记住最直接的方法。不仅更容易获取流量，更好树立自己的人格IP。还会让博主本人显得更加真实和真诚，可以拉近跟用户之间的距离，建立信赖感，所以真人出镜的账号一般粉丝黏性都会特别强。

另外，真人出镜也是自我突破的蜕变利器。恐惧、害羞、紧张、自卑、仪态不好、不上镜、表达能力差……很多人难以走出真人出镜的第一步，但其实这些只不过是自我设置的心理障碍。如果你想借助运营小红书的过程完成从情商到表达能力的高维度蜕变，也一定要选择真人出镜。

不要害怕露脸，在新媒体的世界里，任何的缺点都可能变成你的优势。

下面给大家提供一些真人出镜的拍摄技巧。

（1）心态建立。保持平常心态。首先要认识到紧张、尴尬是每个人初次接触镜头都可能发生的事请。其次，不要担心颜值，颜值不是一切，只要你的性格让人觉得舒服，分享的内容足够精彩，你就能够在涨粉维度上胜出。

（2）增强镜头感。拍摄时眼看镜头。一来保证眼睛目视前方，不会在画面中出现眼睛向上或斜视的情况。二来会更有交流感，能让用户产生面对面沟通的感觉，增加亲和力。

提升表情管理。尽量在拍摄中控制自己不做频繁眨眼、频繁抿嘴、频繁吐舌等小动作。可以训练自己多多微笑。

运用肢体语言。很多人刚开始拍视频的时候，拍摄过程中一动不动，身体会很僵硬。这种情况下，多多运用手势，可以破除自身的紧张，同时给用户传递一定的信息量。比如双手张开，开放式的手势会传递出"我正在表达"。再比如伸出食指点一下空气，会传递出"我正在讲重点"。如果不想有太多动作，站着时可以双手交叠腹前，坐着时，可以自然落在双腿之上。

固定拍摄角度。拍摄时注意不要过度仰头或低头，扬长避短，找到自己出镜的黄金角度。

（3）设计个人风格。设计个人的妆容穿搭。妥善选择妆容和衣物，视觉上设计有个人风格的造型，想要留下鲜明的个人形象，可以设计夸张的卷发蓬蓬头、各色假发、千禧辣妹穿搭。一般的视频可以穿浅色衣服，尽量不要选择太花哨的穿搭和妆容，避免分散观众注意力。

设计特殊的行为、动作、表情、语言。

（4）制定规则。尽量不用提词器。容易显得面部表情呆板，变成读稿机器。如果不能记住自己的视频内容，可以逐句的分开录制，或者多录几遍，最后合成剪辑。

不要频繁暂停。口误，忘词都是正常的，先录完，后期剪辑掉就可以了。多次暂停容易打击自己，产生自我怀疑，而且素材太多也不方便剪辑，所以尽量每次都录完，即使最后不满意，也可以通过已完成的视频不断细化调整。

（5）巧妙突破。在还没熟悉镜头之前，给自己找一个有安全感的小道具，比如抱枕、栏杆、水杯、手机、玩偶……拯救无处安放的手，让自己放松下来。或者对着镜头多模拟，直到你可以把镜头当听众，注入情感。

如果实在无法直面镜头，可以换成采访视角侧身拍摄。假装有人坐在对面采访你就可以了，侧身拍摄可以缓解紧张。没有人天生有镜头感，即使有，也是早期经历的叠加，所以相信自己，你一定可以的！

（6）增加有效互动。在每条视频中真诚地号召粉丝跟你互动，比如请用户列出想了解的问题作为下一次的选题，可以避免视频发出后评论区过于安静，影响到创作热情。

2. 注意语速语调

在拍摄视频时，普通话或者方言都没问题，发音不准确也无伤大雅，甚至可能变成特色。重要的是语速和语调。

在语速方面，正常说话就可以。不要语速太快，太快会让人感觉视频拍的特别着急，影响用户观看的耐心。太慢会让人听着发困或疲惫，如同电影"疯狂动物城"的树懒。另外，除非为了特殊的效果，我们尽量不去调整视频中的倍速。特别是不要为了控制视频时长特意调快调慢语速，非常影响视频的观感。

在语调语气上，声音要富有变化，尽量不要在一条视频中所有的语气都是平的，要有抑扬顿挫。这样才能营造出跟用户聊天的感觉，增加视频的交流感和亲切度。

3. 注意画面的精致度

视频画面是否精致好看主要需要注意以下三点。

（1）注意画面的清晰度。尽量不手持视频拍摄，在没有稳定器的前提下，尽量避免边拍边走动的情况。一些特殊类型的视频，比如舞蹈类、运动类的视频，要注意每个镜头的清晰度，避免因为动作太快或者动作幅度太大而造成画面模糊。视频清晰度跟视频播放量呈正相关，除非是以真实、模糊作为特色的视频，其他所有的视频想要优化内容，一定要注意这一点。

（2）注意画面的光线。光线要精致合理。白天拍摄可以采用自然光，在光线充足的地方拍摄，效果最佳。但是，如果在户外，要尽量避免中午光线强烈的时刻，以免出现光线太强曝光过头的情况，让人物显得"油腻"。

在室内拍摄时，光线不要太杂太多，不然画面中容易出现多个影子。要注意避开顶光，头部正上方的光线会显得人面部特别不美观，如果需要补充光线，可以在斜上方的角度打柔光。

（3）注意画面的布局。如果是人物特写，建议人物放在画面正中的位置，头顶距离视频边缘要隔出一定的距离。比如，人物的比例可以占到画面的三分之二或者四分之三。这样的话有两个好处：第一，用户视觉舒服；第二，在头顶放文案优于在画面底部放文案，可以有效避免放在底部被自己的头像和文案遮挡的问题。

如果是单纯场景的拍摄，比如一些Vlog类的内容，要注意画面的合理排布，比如画面主体物不要有遮挡。

4. 拍完记得及时回看

拍完回看很重要！

第一，有效果不佳的情况可以及时调整。比如及时检查收音有没有收好，画面是否有穿帮、拍摄重点有无遗漏等问题。做好这一步可以避免很多麻烦，笔者曾经经历过一口气拍完4条内容，结果收音设备出了问题，一点声音都没有的情况；也曾经经历过因为人物动作幅度过大，头跟脚同时不在画面中的情况，结果就是重新布景、布灯光，找时间重拍了一次。

第二，回看过程中很可能会激发新的创意，可以及时添加进来。创作中的创作者是最富有激情的状态，此时最有可能涌现新的创意。在拍摄过程中及时丰富视频内容，能够很好地避免后期再补镜头或重拍，增加工作量和执行难度。

5. 尽量一次性完成拍摄

只要不是剧情类、炫酷类等需要多组镜头拼接的视频，在拍摄视频时尽量一条视频完成所有的拍摄，而不是分成小段拍摄。

由于相机、手机等机器本身的原因，分成小段多次拍摄再合并成一条完整视频，可能到后面出现声音大小、画面色彩不统一的情况。这种概率非常大，两次拍摄，极易造成以上的情况发生。

6. 做好准备工作

准备工作很重要，因此放在最后一条来强调。

提前布场。如果在家拍摄，要整理出干净、整洁、美观的拍摄空间，如果在特殊场地拍摄，留出时间提前勘查场地的灯光，声音嘈杂程度和拍摄角度，或者随身携带补光、收音设备。特殊场地备好手机稳定器、自拍杆等。

做好确认工作。确保手机、相机、收音等有足够的电量和内存。拍着拍着没电了，拍着拍着没有内存了、相机里没安装存储卡、收音没打开……这种事情听着似乎不大可能出现，但是在现实中却是高频出现的错误。

4.5.4 视频剪辑的妙招

拍摄需要技巧，剪辑同样也需要技巧，通常在一次拍摄的过程中会产生海量的视频素材，如果一股脑全部导入剪辑软件中就会导致越剪越混乱，音轨字幕来回来去调整，耽误时间，所以掌握一定的剪辑技巧，可以让你快速完成视频编辑工作，省时省力。

1. 先粗剪再精剪

筛选好所有要用的素材后，一次性导入所有视频，先统一调整视频尺寸、声音大小和画面大小，避免被剪成小段后逐一调整的工作量，特别是画面主体物大小不一的尴尬。再去逐个分割镜头与画面，删去无用与重复的镜头。

如果是有大量台词的视频，在这里给到大家一个粗剪小技巧——利用自动字幕识别功能剪辑。字幕识别出来后，可以不听声音不看画面，仅根据字幕条剪掉所有的空白部分和重复部分，只要句意连贯，视频就不会有大问题。等到视频已经显现出大致的脉络，就可以进入到精剪的环节。

2. 视频精剪

进入精剪环节后，首先把整条视频过一遍，把刚刚自动识别的文字中有错漏的部分进行修正，通过二次剪辑将视频更加精确的拼合在一起。那在这个过程中，我们就可以根据自身的需求添加特效、转场、文字、贴纸、音效和画中画了。

（1）剪辑中，特效不需要太丰富。往往应用大量丰富的特效只是创作者的自嗨，对于观看者，却是一种视觉轰炸。所以特效要用的少、用的精、用的妙，不然宁可不用。

（2）善用转场。当两段不同场景或者话题的视频放在一起，毫无过渡会让视频显得生硬尴尬。所以要在视频与视频之间添加转场，使得视频的过渡更加丝滑。转场同样也不需要添加太花哨，整个视频不超过三种以上的转场效果比较合理。

（3）巧用文字。普通字幕是为了帮助用户理解视频内容的，不要加太多特效，影响用户接收信息。但字体的作用可不仅仅是字幕。

用文字强调视频重点。可以将每段话里的重点提炼成简短的词句，方便用户一边听一边加深理解。

用文字营造综艺效果。比如将文字放在人物脸旁，有种脱口而出的感觉，还可以跟五官拼在一起凑谐音梗，比如放在眼睛旁"瞪"字，嘴巴旁"呆"字，连起来就是目瞪口呆。

用文字代替画面。应用非常广泛，比如当视频漏拍，可以采用纯色背景打字，后期配音的方式弥补；当需要某些特效的时候，可以突然黑屏，然后打字，用户的注意力会瞬间被画面中的文字抓取；当视频与视频衔接生硬的时候，用文字作为转场，可以瞬间化解尴尬，建立两段视频之间的联系……更多的应用，聪明如你，来想想看吧！

（4）多用贴纸。贴纸可以说是小红书的特色了。在视频中善于利用小表情和贴纸突出重点，简直是每个小红书创作者的基本功。

贴纸跟文字搭配，可以起到强调文字的同时美化视频的作用。

贴纸跟人物表情搭配，可以让画面变得更加戏剧化，渲染视频的情绪。

贴纸还可以起到遮挡画面的作用，如果你的视频中有其他平台的水印，身份证号等私人信息、杂乱的物品……都可以应用贴纸巧妙化解。

贴纸还能渲染视频风格。应用贴纸可以营造出机械感、科技感、二次元、潮流等多种风格，帮助作者塑造内容。

（5）慎用音效。音效跟视频互动率呈正相关。当用户点进你的内容，音效和配乐很大程度上会影响到他们是否会留下来，只有留下来，才能增加点赞、评论、转发你的视频等互动行为。在这里，我们不讨论太过复杂的配乐，只需要注意以下三点。

第一，但凡是人物说话的视频，不管是真人还是动漫，尽量避免整段视频都添加背景音乐。如果一定要加，那就加外语歌或纯音乐，避免歌词对主人公的台词产生干扰，用户的注意力会被带跑偏。

第二，只要有背景音的存在，给每一句话或重点词句都配上字幕。

第三，除非为了制造特殊效果，配的音乐、音效不要大于人声。

（6）按需画中画。如果单一的视频和文字不能表达清楚我们的诉求，那么就需要将新的图片和视频进一步解说。此时可以通过各大剪辑 App 中的画中画功能，将一段新的视频、图片拖至现有视频的上方，从而让视频的信息传递更加明确。

3. 收尾工作

在视频内容整体节奏及内容逻辑调整完成后，就可以进入最后一步收尾工作了，在这一环节通常是需要整体统一设计，比如调色、滤镜，等等。

（1）统一调色。精剪完成后，画面、视频一般不会再大幅度调整，整个视频基本上就定下来了。这个时候我们再进入统一调色环节，一步调整整条视频。

　　如果对调色比较有把握，可以通过调节画面对比度、亮度、暗角、色相、色温等进行细致的调节。如果没有相关知识，那么就可以采用现成的滤镜，现在的剪辑App滤镜非常强大，只需要调整滤镜深浅就可以了。

　　（2）制作/导入封面。将从其他途径制作的封面导入进来，或者直接在剪辑App中设置合适的封面，将视频完全剪辑后再制作封面，能够让你对于视频重点有更深层次的把握，封面就更容易摸到用户的脉门。

　　（3）最后的检查。检查音乐、音效、文字、贴纸等有没有错漏的情况，整个视频还有没有可以提升的环节，如果确认没有错误，也没有可以升级的地方，就可以导出视频发布了，记得编辑好醒目简洁的文案，添加关键词和相应话题。

RED

第 5 章
常用工具分享及实操

前面我们已经分享了做账号的核心技能，在本章我们会分享做图、剪辑、拍摄等这些配套设施。告诉大家一个简单、快速、好上手的原则——在前期刚刚起步的时候，我们没有必要报班学习剪辑、Photoshop修图等，也没必要做太多贵重设备的投入，毕竟我们不是技术从业者，而市面上免费的作图、剪辑软件很容易就可以上手，何乐不为呢？

本章主要涉及知识点有如下方面：

- 图文笔记的常用工具和使用方法。
- 视频笔记的常用工具和使用方法。

5.1 图文笔记常用工具分享及实操

本节给大家分享能够增加"懒人"做图效率且真心好用的作图工具，笔者本身是会使用Photoshop的，但是自从接触了这些简单的做图工具，就再也没有用过了。这些软件的功能迭代更新很快，等到你们翻开这本书，那些基础操作必定是越来越好用。

5.1.1 常用的作图工具

作为新媒体运营人员或者个人博主，不仅要能写会拍、能说会道，还需要具备基本的设计与排版思维，在前文中我们提到过在小红书平台上笔记的封面是决定阅读量的关键，而制作一个漂亮的封面就是关键的一步。随着自媒体行业的发展壮大，现在也有了非常多的设计工具，这些工具专门针对小红书笔记设置了专区，大大提高了满分封面的创作。

1. 在线设计修图网站

在浏览器里打开网页就可以直接使用，不需要下载安装，还能保存作图记录，随时二次编辑，所以特别适合习惯电脑操作的小红书创作者。相较于传统作图软件，它不需要长时间的系统学习，用起来特别顺手方便；相较于手机，因为手机软件功能有限制，很多功能没办法在同一个软件中实现，这个时候设计网页就显得格外优秀！主流的设计网页比如Canva可画、创客贴设计也都有手机App端，如图5-1所示，可以多终端同步作图记录也很方便，其余还有搞定设计、Fotor懒设计、图怪兽等软件，大家可以根据自己的操作习惯和审美风格选择最合适的。

图 5-1　常用设计工具

以创客贴设计为例，列举一下在线设计修图网站的其他好处。

（1）有海量通用模板，细分类目查找方便。

首先，这些设计网站都是有通用模板的，而且有非常详细的需求分类，按照"分类""场景""行业"查找起来很方便。比如按照场景分类，可以找到手机海报、竖版海报、长图海报、横版海报、logo设计、动态横版海报、方形海报等类目，如图5-2所示。

另外，检索功能也都很强大。比如要做健身海报，只要输入"健身"这个关键词，就能出现大批量精准的结果；如果想找橘色系的海报，直接在导航栏选择橘色就能出现对应结果。而且会根据热点、节日及时更新模版，打开首页就是时下最流行的内容，所以很方便新媒体工作者的使用需求。

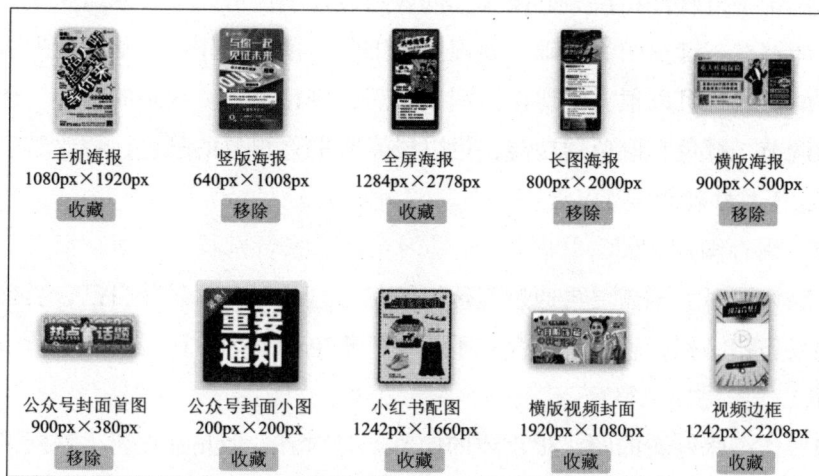

手机海报
1080px×1920px
收藏

竖版海报
640px×1008px
移除

全屏海报
1284px×2778px
收藏

长图海报
800px×2000px
移除

横版海报
900px×500px
移除

公众号封面首图
900px×380px
移除

公众号封面小图
200px×200px
收藏

小红书配图
1242px×1660px
收藏

横版视频封面
1920px×1080px
收藏

视频边框
1242px×2208px
收藏

图 5-2 海量场景设计模板

（2）尺寸调整灵活，不用苦恼尺寸的转化。

尺寸的调整更加精确，而不是像在手机上根据比例来确定尺寸（当然小红书图片的尺寸是3∶4和4∶3，用手机也就够了），你可以输入任意数据来完成某些特殊尺寸的创作。

并且尺寸在制作过程中还能够任意调整。这点特别适合长图的创作。在开始制作之前，我们可能并不知道这张长图要有多长才能放得下全部的内容，尤其是对于新人创作者，心里是很难有谱的。那没有关系，任意拖拽底部就可以拉长缩短尺寸。或者在设计页面上修改页面大小的数据也是可以的，创客贴设计可以自动适配内容，调整画面布局。

（3）素材取用、搬运、上传方便。

创客贴设计里的图库、字体库、素材都是正版的，只要开通 VIP 还可以商用，免除了侵犯版权的风险。特别是素材，大部分都是免抠的，省去了创作者们抠图的麻烦。

更重要的是，如果你在创作过程中，看中了其他模版上的素材，是可以跨模版任意粘贴的，可以在一张设计上拼合几个模版的精华。而且，如果创客帖设计本身的素材并不能满足你的全部创作需求，你可以上传新的图片或素材。

直接复制粘贴进来其他网页上的图片，省去了下载保存的步骤。

（4）抠图、描边细致。

相比于手机软件在指尖上操作，创客贴设计不仅可以很方便地完成一键抠图，也能够在一键抠图的基础上处理更多细节，鼠标操作一定是比指尖涂抹更加精准的。并且可以很方便地在抠图结束后，进行描边。线条的粗细、样式都能任意调节，颜色有取色器功能，可以任意吸取你想要的颜色，相比于手机作图App，任意性就更强了。

（5）保存图片方便。

电脑作图时，不需要再通过互传、微信、蓝牙等工具发给自己，直接通过移动端设备扫一扫，就可以保存在手机或平板电脑上，方便发布和查看效果。

（6）作图更加工整。

想要作一张好看的图，很重要的原则就是对齐，但是在手机上左对齐、居中对齐，等距分布等功能都是有限制的，只有字体可以进行操作。拿手指移动素材非常不便，而在做图网页上就不同了，各种对齐功能都很方便，还可以设置横向参考线和竖向参考线。

（7）插入图表和二维码便利。

在手机作图软件上做表格一般都不太方便，需要其他软件的帮助，才能做出精致好看的表格。但在创客贴设计上，完全不必担心这个问题，可以选择海量的表格和图表模版，表格、饼图、柱状图、折线图……直接选择喜欢的模板填入对应数值，就能得到一个完美的表格了。

插入二维码也同样方便，选择喜欢的模板，双击进入编辑模式后，直接粘贴网址、文字、微信公众号文章，就可以将该信息变成二维码了。

2. 手机、平板电脑上的作图神器

每个人的手机/平板电脑里都会有很多好用的美图App，灵活、便捷，随时随地打开手机想做就做，不受时空的限制，并且各有不同的特色，新媒体创作者们用得比较多的，有醒图、美图秀秀、黄油相机、简拼等，如图5-3所示。这些App通常很适合编辑人物、美食、旅行等我们平常在社交平台上经常分享的内容。

图 5-3　常用图片与视频处理 App

以醒图为例列举一下我们制作图片的基础操作。打开醒图之后，会有四个基础的常用编辑选项，导入、拼图、批量修图、图转视频。

（1）导入。醒图特别好的一点是导入时不仅可以导入手机里已经有的图片，还可以选择导入纯色或透明的背景，这个在图片排版时非常方便，加上醒图里本身就有很多的贴纸和文字特效，随时可以作出点赞上万的文字图。

导入的图片可以进行各种细节的编辑，尺寸、色调、对比度、明暗以及各种特效的添加，滤镜、文字、贴纸、马赛克、涂鸦笔各种人像的调整，面部重塑，瘦脸瘦身，自动美颜……

值得一提的是，醒图会不断地开发实用有趣的功能，比如路人消除功能可以迅速消除照片上的其他路人，各种光效可以模拟夕阳斜射、树影等接近真实的效果等，所以隔段时间打开就能发现新惊喜。

（2）拼图。拼图功能有图片数量的限制，我们的可选区间是2～9张图片，可以拼成3:4、1:1等不同比例不同布局的图片，或者拼接成为长图。长图可以选择横向拼图和纵向拼图。

不过，我们难免会有超过9张图片的时候，没办法一次性导入该怎么办呢？

这里有个图片编辑小技巧分享：笔者一般会把图片调整成大小一致的尺寸，随后分组，比如12张图片分成三组，先用长图里的横向拼图功能四四结合，随后再用长图里的纵向拼图把拼好的三组照片拼起来。这样的话就能得到规整的多图拼图了。

拼好的图可以直接在当下的页面中进行布局调整、滤镜添加、调色和添加文字四项基础操作。

（3）批量修图。这个功能很适合我们对同一组数量较多的照片进行统一编辑。因为是在同一个环境下拍摄的，光线、色彩等基本参数都差不多，能够一次操作，批量更改。

另外，在不影响其他画面的同时，我们还可以对单独某一张图片进行操作，比如有段文字放在画面中央挡住了脸，那就可以单独把这张照片上的文字移开而不会影响到其他图片上的操作。

（4）图转视频。只能添加音乐和卡点两项比较基础的操作，视觉效果单一，生成的视频需要导入专门的视频剪辑软件中添加更复杂的特效，所以不是特别常用的功能。

3. 非传统作图工具

除了专门的作图工具，在小红书特别流行的视觉笔记中，还有借助笔记软件和思维导图软件生产的内容，虽然二者不是专门用来制作图片的，但因为其脉络清晰、重点鲜明、干货满满的特点，很受小红书用户们的欢迎。如果打算做知识博主，可以作为重点工具来进行使用。

（1）笔记软件。最方便的记录工具，就是手机自带的笔记便签。在手机上随手记录下来的文字，经过简单排版，截图下来就可能成为一篇爆文。特别适合观点类的内容分享，比如内容创作者应该怎样找定位，瑜伽习练者怎样自律，等等。这类内容在创作时要多应用表情符号和空格。

另外就是电子笔记和手写笔记。常用的软件有GoodNotes和Notability。这类工具的特点是，能够很好地营造学习者的氛围，而且有荧光笔等功能，可以充分模仿纸张带来的阅读体验，手写打字皆可。

（2）思维导图。当下的思维导图工具都十分好用，有配色模版可以轻松制作出美观的脑图、逻辑图、鱼骨图、树形图等。框架鲜明，脉络清晰，更重要的是操作方便，直接导出，或者截图下来导入作图软件添加标题、贴纸、简单装饰，可能就是点赞几千的小爆款。

笔者比较常用的思维导图软件是XMind。新手打开软件基本就能简单上手，操作极其方便，并且配色丰富，能够满足各种审美需求。

5.1.2　纯文字排版快速打造小爆款

排版的方式千变万化，网络上有非常多的教程随着时间不断更新，因此在这里就不做具体分享了。将纯文字排版的方法分享给大家，因为这个方法简单方便、经久不衰。

1. 利用手机作图软件 / 作图网页快速搞定小爆款

下面具体操作以醒图为例。

（1）打开醒图，导入一张耐看的纯色背景或者是仿纸张质感的图片。

（2）固定下来标题的位置，最好居中放置；选择喜欢的字体样式，最好不要太过花哨，会影响可读性。

（3）将成段的文字粘贴进醒图，选择手写字体，多次换行，将成段的文字变成一行一句话，每行的字数要差不多。根据文字语义，每间隔2～6行，要空行一次。重复操作，直到添加完成所有的文字。

（4）在重点文字的下方添加下划线，用涂鸦笔手画如果画不直，可以在贴纸里搜索合适的，调整成合适的大小粗细即可。

（5）在文字旁添加贴纸作为点缀。

2. 利用非传统作图工具快速搞定小爆款

下面具体操作以思维导图为例。

（1）打开准备分享的思维导图，先将其调成合适展示的模式，比如更改骨架的排列方式、配色方案、背景填充色、同级主题对齐等，使文字的展示足够大方清晰，截图或导出图片保存。如果文字较多，可以分多次截图，直到所有的内容可以分块全部展示。

（2）将任意截图下来的内容导入作图软件，以醒图为例，先将图片导入，随后，吸取思维导图中背景的颜色，将画笔调整为最大号，涂抹图片，得到一张和思维导图一致的纯色背景图。

（3）将该背景图调整为3∶4的比例，随后导入之前的截图。调整截图的大小，看一下截图内容在背景图上的展示情况，如不合适，可以重新截图，多次尝试，直到思维导图可以铺满背景图的下半部分。

（4）在醒图中找到合适的文字模版，添加标题。也可以在贴纸中找到合适的贴纸进行画面的装饰。或者重点的标记。

就是这么简单，我们就完成了两个小爆款！

5.2　视频笔记常用工具分享及实操

本节主要分享一些好用的剪辑软件以及拍摄和剪辑的实操，同样，由于纸质图书的时效性，我们不会举具体的例子，而是给大家提供视频笔记的实操思路。

5.2.1　常用的手机剪辑软件

不要把时间浪费在非决定性因素上。作为自媒体新人，我们与其花精力在很难消化的 Adobe Premiere Pro、Final Cut Pro 等专业工具上，不如先把注意力放在手机剪辑软件上，完全可以满足创作初期的需求，剪辑效果与专业软件相比也不会相差太多。笔者常用的剪辑软件有两个，分别是剪映和必剪。

1. 剪映

作为字节跳动旗下的产品，剪映是公认非常适合新手剪辑使用的软件，好用且免费。手机、台式电脑、平板电脑都可以使用，还可以同步视频编辑记录，特别方便。

更重要的是，剪映的功能强大而全面，视频中也可以美颜瘦脸，用它录制视频自带提词器，甚至可以打关键帧去营造某些特殊的效果。素材库也很丰富，输入关键词就能找到心仪的贴纸，网上大家推荐的剪辑软件有很多，但剪映始终是剪辑软件中的佼佼者。

2. 必剪

必剪是哔哩哔哩发布的一款视频编辑 App，它的定位是一款"年轻人都在用的剪辑工具"，所以很有 B 站的风格。

推荐这款 App 的原因之一是它可以建立专属的虚拟形象，对于不愿意真人出镜的创作者而言可以特别方便地实现零成本做虚拟创作者的小目标。并且在录音的时候，还可以使用提词器功能，只用一台手机就能完成配音的操作。小红书的内容跟B站契合度也很高，如果你的内容准备同步B站，还可以非常方便地加上"一键三连"的小贴图，款式多样，非常逗趣。更重要的是，这款App上的表情包非常丰富，制作鬼畜、搞笑类视频绝对是信手拈来。所以需要一款风格化的免费剪辑软件，那么选择它不会错。

3. 其他

其他的剪辑软件还有很多，诸如iOS系统自带的iMovie，堪称手机版Adobe Premiere Pro的Videoleap，滤镜满满高级感的"一闪"，方便快速剪辑的"度咔"，适合做朋友圈视频的"秒剪"等，这里就不一一赘述了，大家可以在小红书多看看这些软件的使用评价，挑选适合自己的App。

5.2.2 快速完成一条视频的拍摄和剪辑

本节从普及景别、构图、运镜等拍摄的基础概念开始集中分享快速搞定一条视频的拍摄和剪辑思路，包括投资设备的建议以及剪辑思路的分享，希望可以帮助没有创作经验的读者建立拍剪一条视频的信心。

1. 手机拍摄时的基础概念

想要快速拍出一条满意的视频，首先需要了解一些拍摄过程中的基础概念，下面跟大家分享一下景别、构图、运镜、转场的常见应用类型。

（1）景别。在焦距一定时，由于手机和被摄物体的距离不同，会造成被摄物体在手机画面中呈现出来的范围大小的不同。根据画面中物体的大小，可以分为远景、全景、中景、近景、特写等。拍摄时通过转换景别，能够使画面更加具有逻辑性和故事性。

远景：一般指展现环境全貌的镜头，从较远距离拍摄景物和人物，优点是视野广阔，整体感强，缺点是无法展现更多的画面细节，通常用来交代环境或者渲染某种氛围。

全景：通常用来表现场景的全貌或人物的全身动作，相比远景，能够展现更多细节。

中景：指拍摄人物膝盖上方的画面，主要展现人物的上半身动作，叙述性较强。

近景：画面视觉范围更小，通常指拍到人物胸部以上，或者物体的局部画面，细节清晰，观众容易产生接近感。

特写：指拍摄肩部以上的头像，或者物体局部的画面，可以用来刻画人物的内容活动，观众容易产生强烈的视觉感受。

（2）构图。手机拍摄时构图很重要，不仅能让画面好看，还能让重点突出。

中心构图：把被摄物体放在画面的正中心，是最常见的构图方式，可以最大程度突出主体。适用范围广泛，平时需要面对镜头跟观众进行交流互动的视频都可以采用这种构图方式，比如好物分享、知识教学、开箱测评，等等。

三分构图：包括三分点构图和三分线构图。将画面分为九个格子，它们的交叉点就是人的视觉中心。在拍摄时，可以打开网格参考线进行辅助。注意人物朝向，人物面向留白的画面能使画面整体变得均衡，也就是人物面朝左方时，要将人物放在右三分线上。

对称构图：沿着水平的居中线，又分为水平对称和垂直对称，这种构图布局均衡，结构规矩，画面更工整更平衡，比较适合于建筑物、自然风光等宏伟场景的拍摄，常见于旅行Vlog的应用。

前景构图：画面中主体的前方，离镜头比较近的景叫作前景。利用视觉遮挡再稍微做一些虚化，能让整个画面看上去更有立体感和层次感。不过，增加前景要慎重，可能会影响到画面视觉，给人一种朦朦胧胧的感觉。

（3）运镜。运镜是指手机在运动中拍摄的镜头，常见的运镜方式有推、拉、摇、移等。

推拉镜头：手机匀速的移动，离被摄主体越来越近叫作推，越来越远叫作拉。"推"容易突出主体和细节，将观众的视觉逐步集中，视觉感受强烈。"拉"强调的是主体跟环境之间的关系，常常用在视频结尾，画面看上去十分壮观。

环绕拍摄：人物位于画面的正中心，手机与被摄主体保持一定的距离环绕进行拍摄，能够更加突出主体，渲染情绪，画面更加有张力。最好保证主体始终处于画面的中心，并且相机的移动也要保持顺滑。

跟随运镜：手机跟随被摄主体移动，可以从主体正反两个方向拍摄，并确保与拍摄主体保持相同的移动速度，这个是常用的运镜方式，因为有第一人称的即视感，不仅可以连续表现人物的动作、表情或更加细微的变化，还更加容易把观众的情绪调动起来。

平移运镜：手机在被摄主体的侧面，横向匀速移动拍摄，类似于生活中人们边走边看的状态。有一种平衡感，经常用来展现一些大场面、多层次和较为复杂的场景。

低角度拍摄：降低手机镜头贴近地面，从较低的角度进行拍摄，适合拍小孩或者动物等主体，或者需要前景遮挡的物体，比如被树木遮挡的天空；想要显得高大的物体，比如楼宇。

（4）转场。指各个场景之间的过渡或转换，添加转场能够让视频看上去更加丝滑和炫酷。

方向转场：前一段视频快要结束的时候，手机向某一方向转动出画。在它下一段视频开始处以相同的方向转进。拍好后只需在两段视频的转动位置处简单拼接就可以了。

相似物体转场：需要两段视频有某种关联点，可以是相似的物体，相似的场景，或者是同样的动作。比如常见的天空转场，前一段视频结束镜头移向天空，下一个镜头再从天空移动至下一个场景。

物体遮挡转场：拍摄时，利用画面中的某个物体遮挡镜头。进行场景的切换。

同一主体转场：前后两个场景利用同一主体来衔接。通过主体的运动，或者是摄像机跟主体一起运动来完成空间的转换。适合从一个场景走入另一个场景的切换。

在拍摄中，我们需要将一条视频进行拆解，确定每一个镜头的景别、构图，通过运镜和转场让视频更加流畅。

2. 拍摄设备投资的建议

拍摄时，我们需要用到灯光、收声等设备，建议大家结合自身的情况只投资有必要的部分，而有些设备则可以做出成绩后再入手。

（1）推迟专业相机的投资。

我们的手机足够应付大部分的拍摄，没有复杂的创作要求，完全没必要一开始就买专业设备，除非是对画质要求较高的美妆博主、Vlog博主、数码博主、时尚博主等，如果你想尽量低成本的开始短视频的创作，这是本节唯一不建议立刻投资的内容。

（2）投资合适的收声设备。

虽然手机或相机拍摄时自带录音的功能，但是也需要绝对安静的空间，一旦周围噪声过大，也容易录下无用的杂音。

插不插收音器会对内容的影响有多大呢？笔者测试过，一个万粉账号，发布同样内容质量的视频，有杂音和插了收音器，在点赞上大概会相差200个左右，所以这份投资还是很有必要的。

建议大家购买轻便小巧的领夹式麦克风或者指向性话筒，价格在几百到几千元不等，预算低可以考虑"博雅""塞宾智麦"，预算高可以考虑"罗德"。至于具体的型号，大家可以在网上搜一下靠谱的"种草"帖，根据拍摄用途挑一个最适合自己的。

如果不打算投资收音设备，建议大家戴着耳机录制，或者后期录音（在手机话筒处包上湿纸巾防止喷麦），效果也是很不错的。

（3）按需入手灯光设备。

光线会在一定程度上影响镜头中的人物形象和画面的质感。众所周知，自然光层次丰富、现场感强，用户观感舒适，是最适合拍摄的光线。白天拍摄自然光最佳，如果你的拍摄环境自然光特别好，也是没有必要投资设备的，但如果你经常在夜晚拍摄，在有顶灯的地方拍摄，在光线复杂的场合拍摄，灯光设备就一定要入手了！

灯光买两种就好，一种是补光灯，一种是氛围灯。

补光灯主要解决光线不好、不细腻的问题。常见的补光灯的类型有箱型灯、环形灯、平板灯，条形灯等。条形灯里还有带吸盘和带磁铁的，所以可选择的非常多，大家看打光教程琢磨一下，很容易就能根据自己的情况做出购买决策。

氛围灯主要用来填补空白的墙面，营造特殊的画面效果。比如日落灯，可变色的补光棒灯等都是可选择的对象。举个例子，一个以科技数码产品分享为主要内容的博主，灯光往往是蓝色或紫色，这是因为冷调更有科技感。

（4）按需入手多种支架。

好用的支架可以协助我们独立完成各种场景下的拍摄，表5-1中的这四种手机支架都是比较常用的类型。

表5-1　几种常见的手机支架类型

支架类型	预算区间	特性及作用
普通自拍杆	100元内	便携轻巧，一般长度在0.9米以内，外出的时候有灵感就可以随时拿出来记录
专业手机支架	200元上下	稍微有点重量。相比普通的自拍杆更加稳定，在凹凸不平的路面或者风大的地方也可以立得住。长度的调节范围大概在1.6米～2.1米，可以外接补光灯、多机位拍摄，无论什么样的拍摄距离都可以完成。收起来还可以做稳定器
万能三脚架	100元内	一般是1/4螺丝孔，拧上不同的配件就能发挥不同的作用 可以用来当手机、平板电脑、相机支架，也能用来当灯架 建议搭配带多角度调节功能的热靴使用。热靴简直可以链接万物，不仅可以用来外接闪光灯、补光灯、收音麦、运动相机（GoPro），还可以用来装平板支架 无论横屏竖屏，架灯还是手机平板，都好用
俯拍支架	200元内	学习型、美食、Vlog博主常用的支架，适用于拍做饭、写作、画画、手工制作等需要俯拍的镜头

3. 整理剪辑思路

剪辑基本思路和流程可以大致分为五步：整理素材、确定思路、粗剪、精剪、合成导出。

（1）整理素材。拍摄完成后，我们的手机中会留存大量的素材，所以第一步，我们就要从这堆素材中拨冗，把显而易见的废片删除，把需要的素材挑拣出来。并对其中的精彩片段做标记，如果拍摄较为复杂，可以按照视频内容将其整理进分类文件夹中。可以按照时间顺序来分类，也可以按照人物或者环境来分类，只要方便剪辑时浏览即可。

这一步我们尽量整理细致，前期耗时长一些，后续的工作反而能更节约时间。

（2）确定剪辑思路。把握内容和节奏。思考如何处理剪辑节奏，可以让视频连贯流畅，有剧情起伏。特别是事先没有脚本的内容，比如旅行Vlog等，要先对视频的整体结构进行构思和规划，开端、发展、高潮和结尾分别确定好，确保框架的完整性和连贯性。

（3）粗剪。搭建视频的整体框架，形成视频的基础雏形，只需要串主线，把视频素材依照时间或者场景顺序拼接起来，而像音乐、色调、转场、花体字等细节再后面的工序中再加入就可以了。粗剪时的素材宁多勿少，方便后面精剪视频时再次调整，所以一般粗剪的版本会比最终成片稍长。这里给大家介绍两个非常实用的小技巧。

第一，为了节省剪辑时间，可以先自动识别字幕。根据字幕可以快速地判断重复和卡顿的部分，剪起来更加省力。现在有一些剪辑 App 也能够自动识别卡顿和重复的部分，大家也可以让机器替我们筛选。

第二，为了减少后期的工作量，在粗剪前先调好声音大小、画面大小、倍速。一来，避免剪成小段视频后再去依次调整的麻烦，能大大减少剪辑的工时。二来可以最大限度地保证视频中的声音大小、面画大小、视频节奏的统一。

（4）精剪。粗剪完的视频已经初具雏形，这个环节主要是打磨细节：删掉多余的画面，在保证逻辑性和完整性的基础上精简内容；添加合适的音乐和音效，并配合声音调整画面；添加转场，让视频更加丝滑连贯或酷炫流畅；进行调色，让画面更加精致美观；添加字幕，让视频信息传达更加到位；添加封面，也可以提前制作好封面，在小红书中进行添加。精剪时可以遵循以下几个重点。

黄金三秒：把握视频开头的前三秒，一步到位地抓住用户的眼球，在最短时间里告诉用户看完视频他都可以收获什么。可以把片子中最精彩部分摘出来剪辑到一起，类似于电视节目中的预告，在开头抛出令人欲罢不能的"钩子"。如果是剧情类的视频，可以把矛盾冲突、极度夸张、极度搞笑的部分放在开头制造悬念，相当于抛出一个问题。干货类视频，直接列出分享的重点，不要在开头铺垫过多，避免消耗观众热情。

利用转场：转场是在剪辑时前后两个镜头转换瞬间的连接点，在视频连接处使用不同的转场效果，能给视频的节奏、情绪、剧情等方面带去不同的效果。常用的转场效果有淡入淡出、叠化、溶解等。添加转场能使视频更加的丝滑，特殊的转场效果还能让视频更酷炫，更有深度。在添加转场时可以尝试卡音乐节奏，把视频转场的那一帧卡在节奏点上，视频会看上去更加有冲击力。剧情类视频可以尽量少的添加转场，太多的转场容易转移观众的注意力，增加用户退出观看的可能。

调色处理：不同的视频片段，视频的颜色和质感会有一定的差异，如果不进行调整，最终成片的画面就会突兀而不美观。我们可以挑个合适的滤镜，也可以针对每一段素材调整亮度、饱和度、色彩平衡等参数。画面偏暗，可以调节亮度、光感；画面偏黄，可以调节色温；画面没有层次，可以调节对比度、高光、阴影；画面不清晰，可以调整锐化……调色是非常讲究感觉的，如果总是调不出自己心中的画面颜色，可以去小红书上参考剪辑博主分享的具体参数。

调试画面节奏：视频一直保持匀速是非常枯燥的，可以根据视频走向针对性地对画面进行慢速、快速或者定格的处理。比如在学习Vlog中，压缩一段长时间写作业的重复内容，快速展现给观众。在旅行Vlog中，特写一片树叶从枝头掉下的瞬间，慢速展现给观众。或者为了强调表情细节、人物神态等，用定格的方式暂停画面，比如表现"惊呆""惊恐"的情绪，此时添加内心画外音，戏剧效果颇好。

视频内容紧凑：宁可呈现的重点内容缺失，也绝不多讲一句废话。视频千万不要冗余，一旦信息量不集中，或者过于分散，用户就容易"跑路"，看不进去。不必要的停顿、空白、重复，尽量都删掉。想要提高完播率，对素材下手一定要狠一些。

效果恰到好处：字幕、贴纸、音乐和特殊效果的添加不是越丰富越好，要给人感觉神来之笔，一般说来添加的越少越好。文字不要放太多，字越多用户越不清楚哪里是重点，提炼关键词放在合适位置即可；如果是讲话类的视频，千万不要从头到尾都配背景乐，会增加用户分辨歌声和人声的难度；特殊效果绝对不能间隔太近，会产生眼花缭乱的感觉。

（5）检查和导出。确保声画同步，没有视觉错误，没有穿帮镜头，就可以合成导出。导出时选择合适的分辨率，保证画面清晰度。

RED

第6章
账号诊断及投放

经过上一章的学习，基本的创作环节就告一段落了。但这对于小红书创作者而言却仅仅是个开始，后续还有更重要的分析复盘工作。知道自己好在哪，还有哪里能提升改进，才能帮助我们的账号更加健康的运营。了解自己越深入，发现的问题就越多，我们就可以针对性提升。

本章主要涉及知识点有如下方面：

- 小红书的推荐机制。
- 快速复盘账号的方法。
- 薯条的买法和"吃"法。
- 如何进行品牌官方号推广。

6.1 有的放矢：了解小红书的推荐机制

在积累了一定的内容素材之后，千万不要着急注册账号发布笔记。在这之前我们还需要对于平台的规则以及推荐机制有清晰地了解，这样才能让我们后期的账号运营更加有的放矢，生产出拥有更多曝光率和流量的笔记，为我们的粉丝增长带来动力。

另外，了解平台的运营机制还可以让我们在运营账号的路上不走弯路，防止踩雷，避免我们辛辛苦苦生产出来的内容进入"冷宫"，运营的账号被封禁化为乌有。

6.1.1　推荐的底层逻辑

小红书是一个非常注重原创内容的平台，这是因为小红书要依靠作者生产的优秀内容来吸引更多的用户进入到App里，从而壮大小红书自身的发展。因为对于小红书平台方来讲，有更多的原创作者进入，意味着能够为平台带来新鲜的有活力的内容，对于平台自身的发展是非常有益的。所以小红书对于新加入的创作者是非常乐于扶持的，这样的一种氛围基调也造就了小红书平台的独特性。在小红书上并不存在强者恒强，弱者衡弱的规则，每个人都有机会，这就是小红书推荐机制产生的核心观念，而具体的机制都是基于此衍生出来的。

就拿我们运营过的几个账号来讲，十位数粉丝的账号发布的一篇笔记的阅读与互动数据很可能比一个大号都强，所以竞争本身还是集中在谁的笔记更能够获得更多粉丝的喜欢这一点上，而不是体现在账号本身上。

6.1.2　小红书笔记的推荐流程

在一篇笔记发布之后，首先平台会对于内容进行审核，这个也是小红书比较有特点的一个机制，如果你的笔记没有被审核通过，那么就不会进入到任何的推送里。所以在小红书平台上生产内容时，一定要特别关注内容不要有违禁敏感词。

如何检查自己的笔记是否已经通过审核了呢？很简单，在笔记发布之后在搜索框搜索笔记关键词，然后点击右上方的【筛选】按钮选择展示最新笔记。如果你的笔记能够被搜索出来，那就说明已经通过审核并且被平台向外推送了，如果搜不出来，那就说明你的笔记并没有进入到推送环节。

在内容审核没有问题之后，平台会根据账号的权重及笔记的权重来进行第一波推送。如果一个账号是新账号，笔记发布之后，一般情况下会根据笔记标签推送100左右的流量，如图6-1所示。然后平台会通过这100个流量对于笔记的互动情况来判定笔记的质量程度，互动情况越好，笔记质量越高，平台也会给予更多的流量机会。

如果是一个已经有了一定粉丝的账号，那么平台还会将内容推送给你的粉丝，老粉丝对于一篇笔记的互动情况也会直接影响笔记的流量。

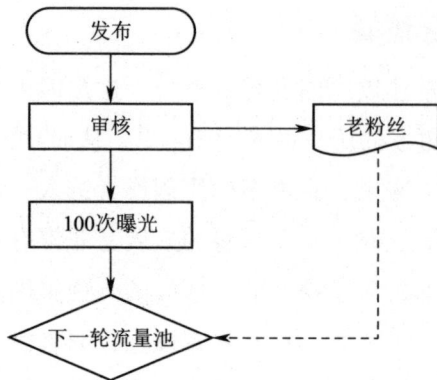

图 6-1 推荐流程示意图

这里还是拿我们做过的一个账号来举例，在前期我们的这个账号主要以健身跟练为定位做的号，当粉丝涨到 20 万左右的时候，因为运营目标的调整，我们做了一次转型，内容调性和之前已经完全不一样了，而这些内容在发布之后，笔者发现内容并不符合原有粉丝的需求，点赞与互动数据寥寥无几，基本上相当于是重新起号，要重新走小红书的推荐机制，所以内容的精准性和内容的质量在小红书这样一个精美为核心的平台上一定是决定性的要素，千万不可随意搬运或者偷懒搞什么伪原创。

讲到这里，还是要强调一下上一章讲过的定位的重要性，我们的定位一旦确定就不要随意更改，不然会造成极大的浪费，不仅相当于重做账号，还会因为标签打的不明确，而导致新的运营目标也没有办法达成。所以如果有新的运营计划，那我们的建议是重新做一个账号。

6.1.3 流量入口有哪些

当我们打开小红书 App 之后，可以先以用户粉丝的视角来看一下 App 的一些功能，这些功能就是粉丝获取笔记的入口，也就是我们最关注的流量入口，如图 6-2 所示。

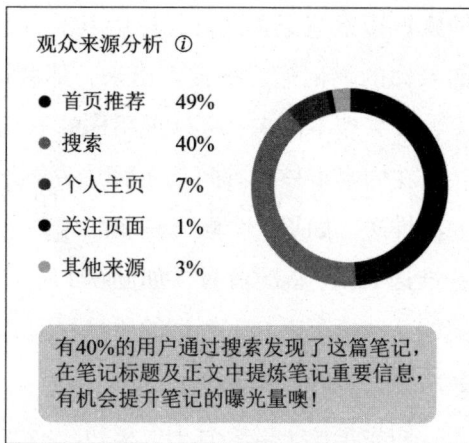

观众来源分析 ①

- 首页推荐　49%
- 搜索　40%
- 个人主页　7%
- 关注页面　1%
- 其他来源　3%

有 40% 的用户通过搜索发现了这篇笔记，在笔记标题及正文中提炼笔记重要信息，有机会提升笔记的曝光量噢！

图 6-2　流量来源

1. 首页推荐

首先进入我们眼帘的就是推荐界面，这是笔记获得主要流量的入口。在这里平台会根据关键词和权重将内容和粉丝进行匹配。在这个界面里内容是采用双列信息流的形式进行展现，用户不断地滚动屏幕，看到自己感兴趣的主题就会点进去查看详细内容。而这样的用户体验也导致了在小红书上面要想获得更多的阅读量，封面和标题是非常重要的。

2. 关注与话题

当我们在主界面左右滑动的时候会进入到【已关注更新】和【分类更新】界面。在这里，我们的笔记会被推荐给已经关注我们的粉丝，或者对某些精准主题感兴趣的用户。所以持续地生产粉丝们关注的、喜欢的内容也是至关重要的，在这里原有的粉丝会为我们的内容贡献基础的点赞与评论互动，可以帮助我们的内容更好地出现在首页推荐里。

3. 搜索

另一个入口就是我们的搜索栏，对于某些话题有直接需求的用户会通过搜索进入到我们的笔记。随着小红书的发展，粉丝不仅将小红书定义为一个内容分享平台了，还会主动在小红书上搜索相关的攻略教程或者是学习内容。在我们实际运营的案例里面越是比较精准的内容，流量就越靠近搜索，甚至在某些情况搜索所带来的流量会远超首页推荐，如图6-3所示。

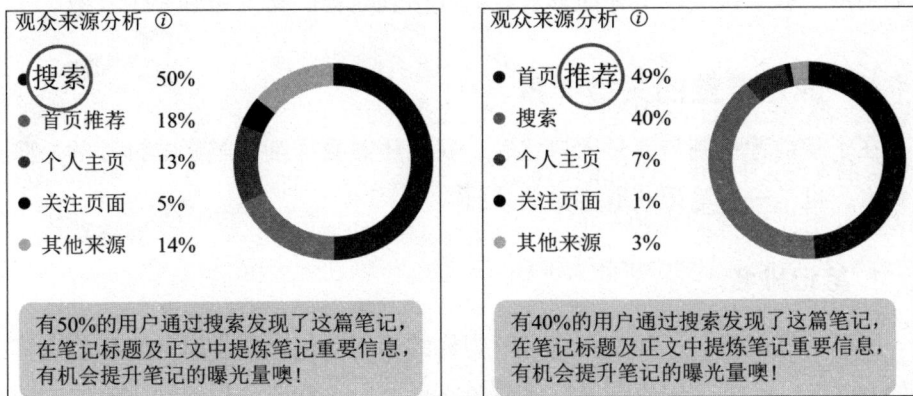

观众来源分析 ①	
● 搜索	50%
● 首页推荐	18%
● 个人主页	13%
● 关注页面	5%
● 其他来源	14%

有50%的用户通过搜索发现了这篇笔记，在笔记标题及正文中提炼笔记重要信息，有机会提升笔记的曝光量噢！

观众来源分析 ①	
● 首页推荐	49%
● 搜索	40%
● 个人主页	7%
● 关注页面	1%
● 其他来源	3%

有40%的用户通过搜索发现了这篇笔记，在笔记标题及正文中提炼笔记重要信息，有机会提升笔记的曝光量噢！

图6-3 不同内容流量来源对比

4. 站外引流

另外，我们将笔记分发到站外也会有一定的流量进来。在这里要强调的是小红书平台非常欢迎我们将笔记分享到站外平台，将笔记分享到站外的行为就相当于我们用优质内容在帮助小红书平台做流量，与平台是双赢关系。从电脑端的数据管理平台，也可以看出来小红书内容的数据监测里分享转发也占据了一席之位。所以在我们刚起号的时候，可以尝试将小红书的笔记转发在微信群或者朋友圈中来获取初始流量。

5. 流量构成

一篇笔记的流量构成在小红书的创作者中心的数据助手里有非常详细的展示，在笔记到达一定的阅读量之后，平台就会自动进行非常详尽的数据报告。

一般情况下笔记的主要来源是通过推荐界面来的，但是在我们运营的案例当中，有一些笔记的流量反而是从搜索来的。所以流量的来源并不是一成不变的，而是根据你的运营目标和笔记目标有非常强的关系。

另外，不同的入口也有不同的特点。首页推荐的位置曝光量会很大，但是有时间效应通常是维持七天左右，而搜索入口只要你关键词布的精准、基础数据不错，就可以维持更长的时间，比如我们的一些笔记在发布两三年之后，依然会带来点赞、关注与收藏。

所以在我们策划内容的时候，一定要将流量入口的因素考虑在内。你想要通过这一次的主题达到什么样的目标，通过什么样的流量入口可以触达到你的目标用户，有了这些思考才能够让我们在达到目标的路上做到心中有数。

6.1.4 提升流量的关键要素

在了解推荐机制与流量入口之后，我们还需要详细了解影响推荐的一些关键要素，也是一篇笔记获取流量的基石。

1. 笔记排名

所谓的笔记排名，我们可以理解为你的笔记在用户搜索时的双列信息流中所处的位置。这些位置可谓是兵家必争之地，一个靠前的位置在小红书商家推广平台上是需要付出很多的现金成本来获得的。所以也意味如果一篇笔记在没有付费推广的情况下可以占据这个位置，就可以节省高额的推广费，也代表了运营人员的贡献与产出。

那么如何才能够提高笔记的排名呢？除了我们一直强调的原创以及选题的质量之外，另外一个核心要素就是关键词的布局。

（1）关键词一定要选得准，不然用户在搜索的时候根本没有办法搜索出来你的笔记。在关键词的精准性上面，我们最好不要让关键词前后出现一些符号空格等影响搜索的字符。

（2）关键词的分布要适当密一些，同一个关键词重复的频率越高对于搜索的权重影响越大。通常来讲一篇200～300字笔记的关键词，最好能够重复4～6次是比较合适的，如果可以做到关键词重复，又不显得突兀，那么当然频次是越高越好。

（3）关键词的分布位置，要看你的关键词在标题里、正文中、话题上是否都有分布，这些不同的位置对于搜索结果的影响也是不一样的。

2. 账号权重

其实所有的平台对于账号都是有权重评价的，平台通过一定的算法，寻找到更加优质的内容生产者，所以小红书也不例外。那么怎样才能算得上是一个优秀的内容生产者呢？其实也很简单，用一句话就可以概括，持续向观众输出靠谱的优质内容，接下来将分三点详细讲解一下。

（1）账号的质量与信用。

我们其实可以把账号理解为一个虚拟的人物，如果这个虚拟的人物，想要在平台上面表现突出，那么最基础的一定就是信用。在小红书平台上面有创作者公约，所有加入小红书平台的创作者，都需要遵守平台上的纪律与规则。一些违法违纪或者是负面言论的账号，一定会受到严重的打击与限流。

我们曾经遇到过一个瑜伽行业的账号，他是通过打击全行业的老师与机构的方式来获取流量，在他的账号里面充斥着对各个瑜伽老师与机构的负面评价。所谓好事不出门坏事传千里，负面新闻更能够快速地进行传播和获取流量，但是在这个账号运营了一段时间之后，粉丝就会产生非常强的反感，我们可以看到在他的评论里面，粉丝慢慢地就会觉得这个账号的价值观有问题，果断取关。所以这一类的账号是无法做大做强的，只是昙花一现的流量而已。而且一个账号，如果经常发布负面消息，也非常容易遭到投诉，平台肯定是会予以封禁的，做这类账号风险也是非常大的，所以想要在小红书上获得持久的流量增长，还是要踏踏实实的遵守平台的纪律，维护平台的氛围，做正能量的分享者。

（2）账号的原创能力。

对一个账号权重评判的另一关键点就是原创能力，尤其是在小红书平台上对于这一点的要求是非常严格的。如果你使用电脑端的创作服务平台进行发布，就会非常明显地发现一篇笔记发布之后不会显示发布成功，而是会进入到审核流程。系统会通过自动对比与人工检查两种方法，交替对我们的内容原创度进行审核与校验。所以作为博主来讲，我们在选题与措辞还有关键字的使用上，一定要非常谨慎，尽可能使用更全面、更清晰的表达方式，将我们的内容展现出来，不要非常潦草的一笔带过，不然就会非常容易判定为抄袭。

（3）账号的创作频率与活跃度。

优秀的创作者一定是可以持续稳定的为平台输送优质内容的。所以如果你三天打鱼两天晒网的进行内容发布的话，平台肯定会认为你目前创作水平并不稳定，如果你一两个月不进行更新的话，平台认为我们已经江郎才尽了也是合理的。

另外，如果一个账号非常机械性地进行内容生产，不和社区里面其他的内容进行互动，也会被平台认为是营销号或者是不走心的机器人引流号，这样对于我们的账号权重来讲，也是会有非常大的影响。

所以在做小红书运营时，我们要抱有一个积极分享者的心态，不能懒惰，也不能过于激进，用一种健康的心态在小红书上经营自己的个人IP或者是企业品牌才是正道。

3. 笔记权重

账号有权重，那么一篇笔记也会有权重，而且对于一篇笔记的评判，也和一个账号的评判比较类似，接下来我们就来进行详细说明。

（1）笔记基础质量。

我们发布笔记最基础要做到的就是基础信用。一个是要避免笔记中出现违禁词。另外一个是不要在笔记中出现特别明显的广告和引流内容，比如微信号、手机号、二维码、logo、水印、邮箱等一系列的引流内容，否则就会出现限流、封禁账号等不同的风险。还有一点是我们创作的笔记不要出现低俗的情况，这一类也是平台明令禁止的。

（2）笔记的互动情况。

其实这一点不管在哪个平台上做新媒体账号都是非常关键的，做新媒体内容和传统媒体底层逻辑是，一篇笔记就相当于是一个栏目中的一集，观众的收视率与订阅率是亘古不变的硬道理。所以做内容一定要学会与观众的互动，要巧妙地和粉丝要点赞、收藏、转发等，比如常听到的"一键三连"，这些数据做得好笔记的权重就会越高。在2022年，小红书新功能【互动组件】上线了，在笔记下方还可以增加PK游戏环节，这样也可以增加话题的趣味性，让粉丝更多地参与讨论评价，这些功能都是非常好的助攻，作为博主一定要学会利用。

6.2 快速复盘：吃透自己的基础数据

隔一段时间，我们就要停下来想一想，我对目前自己的内容大致满意吗？不满意的话，原因是什么？未来一段时间，还能够保持一个较为稳定的输出状态吗？主观的认知是感性的，并不能完全解答这些问题，所以我们需要拿出更加理性的数据作为分析。养成"数据思维"，用数据指导工作，而不是单纯用天赋和感觉。

6.2.1 主动记录观察数据

要养成主动记录观察数据的习惯，这件事本身并不复杂，官方早就给了创作者们最好、最精准的分析工具，但遗憾的是，很多人都只是泛泛浏览，没有当作运维重点定期查阅。

打开小红书的创作中心，我们可以看到与账号相关的大致数据，包含近7日的新增粉丝数、主页访客数、观看数和互动数。点进这个页面之后，还可以从账号概览、笔记分析、粉丝数据三个维度查看更详细的内容，以及查看最近30日内的数据。

账号概览是账号的基础数据，可以查看近期账号的内容有多少观看，用户的观看总时长是多少，主页访客量有多少，近期粉丝的互动、转化情况如何。并且官方会给出详细的近 7 日账号诊断，从观看、互动、涨粉、发文活跃度四个维度帮你跟同类型作者进行对比。通过这些数据，我们很容易判断在刚起步的阶段，我们应该做到什么样的程度才是一颗"冉冉升起的新星"。另外，还可以看到观众的来源，这些用户到底是通过搜索来的，还是首页推荐来的，分别占比多少。通过观众来源分析可以清晰地知道接下来需要优化提升的方向，如果通过"搜索"渠道找到账号的人占比比较少，那就意味着下一步应该优化提升关键词；如果通过"首页推荐"找到账号的人占比比较少，那就证明封面或标题文案还不够吸引人，需要进一步优化。

笔记分析页面可以按照观看量排序视频，这样就能清晰地看到自己什么样的内容最受欢迎，作为之后选题、起标题、内容优化的标准和灵感；什么样的内容还能够提升改进，总结出为什么数据差的原因，避免在做后续内容时踩重复的坑。点进单篇的笔记，还会有非常细致的数据展示，包含了观看量、人均观看时长、点赞量、收藏数、评论数、笔记涨粉数和笔记分享数，也可以看到发布后 7 日观看数趋势，以及该篇笔记的诊断详情，从点击率、互动量和笔记涨粉三个维度去跟小红书平台上其他的同类作者形成对比。更重要的是，你能够知道是什么样的人查阅了你的内容，他们的性别分布、年龄分布、城市分布、兴趣分布，从而根据这些人背后共通的特点细化内容。

粉丝数据页面主要呈现的是近 7 日或者近 30 日粉丝增长与流失的变化，根据涨粉幅度，或者粉丝流失的数字，来去推断某段时间里，自己的内容有否达到相关的目的。也可以看到忠实互动粉丝的头像，点进去就是该账号的主页，通过查看忠实粉丝的笔记以及他们喜欢收藏的内容，找到对自己粉丝群体更深层次的理解。另外还能够展示新增粉丝来源，看看新增的粉丝是通过搜索笔记关注你的多，还是搜索账号关注你的多……另外，他们的性别分布、年龄分布、身处的城市分布、兴趣分布，都可以很清晰直观地通过柱状图看到。

多去解读每个数据背后代表的含义，有些时候，会突然惊觉，原来数据呈现出来的结果，竟然跟我们自己脑海中的预测不一样。比如说，带来高涨粉转化的内容，也许它的点赞、收藏量并不是很高，而是因为内容的稀缺。拿英语专有名词分享举例子，除了健身从业者，很少有人对运动英语感兴趣，但你分享了，而且分享的特别细致，那么即使愿意收藏它的人并不是很多也没有关系，你仍然能够收获一大群忠实的粉丝。

6.2.2　怎样预判笔记数据

详细的视频数据一般在发布视频后第二天才会稳定，而我们迫切地想要知道，什么时候才能顺利涨粉到下一个阶段。所以为了避免这种焦躁情绪的产生，能够精准地预判数据就显得格外重要。

在这里分享一下笔者自己预判视频数据的方法，主要是依靠于平时的统计。

首先，建立一张自己的内容发布表格，见表6-1。

表6-1　内容发布表格示例

序号	发布日期	选题方向	标题	封面关键词	2小时点赞	2小时收藏	次日点赞	次日收藏	次日账号总赞藏	次日评论	次日粉丝数	粉丝增量
1												
2												
备注：可以根据自己需求调节初始统计的时间，建议在2小时以上，因为平台内容审核的时间是不固定的，所以要预留出平台审核内容的时间，审核通过，内容才能被所有的用户看到。												

从这个表格中我们都可以分析出什么呢？

1. 可以精准预估出第二天的点赞、收藏情况

计算方式：

$$2小时点赞数 \div 次日点赞数 = 点赞固定比率$$
$$2小时收藏数 \div 次日收藏数 = 收藏固定比率$$

不必真的次次把这个固定比率算出来，但当你统计的数据不断增多之后，你会发现，在一段时间的账号周期里，依据2小时内的点赞收藏，可以准确推断出第二天的数据区间。比如，拿笔者自己运营的账号举例，如果两个小时内的点赞数、收藏数不能分别破百，到了第二天视频就不会成为点赞数、收藏数过500的小爆款。但如果点赞和收藏都在200以上，第二天的点赞数和收藏数就很可能过千。

2. 可以预判内容的优质程度

判断的标准，是看它的点赞和收藏是否均衡。一般来说，点赞和收藏的数量都不会相差很多，鉴于小红书真诚分享的平台特性，有用的内容相比纯娱乐性质的内容居多，数据好的内容，收藏会比点赞多一点。比如点赞4万的内容，收藏达到4.4万；点赞2 000的内容，收藏达到2 700。

一般说来，如果你的点赞数远超于收藏数，那么就说明你的内容有值得用户认可的亮点，但缺少一定的价值，需要增加更多的价值点（收藏数多有利于粉丝转化）。如果说你的收藏数远远超于点赞数，但粉丝增长的比率不高，那就说明用户只是单纯觉得你的这条内容有用，但并没有触及他真正的痛点，需要优化表达方式。

发布后，修改内容二次优化，相当于重新发布了一次内容，不会对我们的账号产生太多影响，但可能因此产生爆款。

3. 可以预判粉丝的增长情况

账号总点赞收藏数 ÷ 总粉丝数＝平均涨粉 1 人需要的点赞收藏数

当我们知道几个点赞收藏数能换来一个粉丝，就可以结合对点赞收藏数增长的预判，准确地预判出一段时间内可能达到的粉丝数量。

4. 可以根据选题方向预估数据情况

将选题风格划分成几个大类，记录每个大类的基本数据情况，就能够做到对每个大类心中有数。

以笔者为例，会将内容划分成柔韧性提升、燃脂训练、塑形训练、引流软广四个板块。时间久了就会发现柔韧性提升的内容90%都会成为爆款，针对性塑形类的内容80%数据表现都还不错，全身燃脂类的内容稍微差一些，大概70%数据不错，引流软广类的内容基本上数据会呈现断崖式下跌。

6.2.3　为什么发布的笔记没流量

随意发布的内容，一不留神成了爆款，精心打磨的内容耗了很多精力，播放量却不理想？相信大家都很好奇，小红书的推荐系统是如何运作的。到底怎样的笔记才能更好地获得系统的推荐？

互联网学者克莱·舍基曾经提到，现代人们的焦虑，不是因为信息过载，而是因为过滤器失效。在一段时间内，大量的创作者们发布的内容会进入到小红书的海量内容库中，小红书的推荐系统最大的目的就是根据用户日常的点击行为、搜索行为、日常观看、消费习惯等判断筛选出每个用户可能会喜欢的内容，再将这些内容进行推荐，显示在这些用户手机端的信息流中，用户接下来针对这些内容的浏览行为则会给到系统答案。

点击某位博主的视频，就会传达出你可能比较喜欢此类风格的博主视频的信息，系统就会进行推荐。比如你经常点击轻食博主的笔记，那么你可能也对健身博主的内容也感兴趣。再比如，你搜索了北京景点打卡、北京美食推荐这类的搜索关键词，就会传达出你此刻也许就在北京，或者即将动身前往北京的可能，那么推荐系统就会判断出你对北京感兴趣，会为你推荐北京相关的视频内容。

系统在内容推送后，还会再次判断用户是否喜欢被推荐的内容。一般情况下，用户有所反馈的行为，比如说点击观看、点赞、评论、关注等，在一定程度上可以表明用户对该内容的偏好。初次分发推荐，都是从小范围、小流量开始的，然后根据推荐的准确性、点击率、完播率和互动率等数据指标，进行再次的分发推荐。如果说某条内容在初次推荐中表现优异，那系统就会逐步地扩大流量，推荐给更多的用户。以此类推，优质的内容经过多轮的分发会被更多的人看到获得更多曝光。

所以为什么明明花了很多心思，发布的内容却总是火不了，你现在知道了吗？一切的源头还是出现在用户对你内容的反应上。

1. 发布后笔记没有流量的原因

如果笔记发布后没有流量，我们可以根据常见的几个原因按图索骥查找出具体导致没有流量的原因。

（1）内容是否满足基本的视听舒适感。

想要让内容受到观众喜欢，首先要有让别人点击后停下来看的欲望。画面上要有良好的观感，尽量不要出现画面被裁剪、主体不完整、颜色过亮或过暗，或者包含容易让人产生不适的内容，以及避免水印、二维码、网址等给其他的平台导流的信息。特别要重视封面，颜值高、画质清晰、有特色的封面更容易吸引注意力。建议大家尽量将内容比例设置为3：4（小红书首页上同时支持1：1、3：4和4：3的封面展示，但竖屏笔记比横屏笔记或者方形笔记展示的面积更大）观众更容易发现内容的亮点。

另外声音上要合理清晰，一要做好收声工作，二要重视配乐，不能强于人声且契合分享内容。

（2）内容的呈现是否能踩中用户心中的点。

内容的好坏不是由创作者的认知决定的，是看内容的阅读者决定的。你精心准备的内容，也许并不是用户真心想要的。所谓干货可能只是自己的一厢情愿。你真的了解你的粉丝吗？真的了解当下他们想解决的问题吗？你的内容真的利他吗？从观众的角度去思考，提炼出能让观众一眼抓住的重点，从而产生点击、观看的欲望，开发足够吸引人的主题。

（3）你说的话用户是否听得懂。

用户不仅一定要看干货，更想看能够看得懂的干货。越专业的人讲越专业的内容，很容易出现尴尬的情况。还记得笔者前面举过的"骶髂关节痛"的例子吗？用户都不知道骶髂关节在哪，哪怕这个位置再痛，用户也无法关联思考！因此，要用用户听得懂的语言和表达方式去解决他们最关心的问题。避免认知维度的差异。

（4）内容缺乏传播点。

同样是一张展示秋冬穿搭的照片，有文案写"软乎乎穿搭，我们一起变成白面包！"和"这套穿搭我很喜欢！"你觉得哪种表达更有号召力呢？显然前者多了互动性，更愿意发给闺蜜朋友。多用"我们"等能够增强用户带入感的词，多用"白面包"这种能让用户产生联想的词，自然会有人转发你的内容。

（5）内容缺乏互动点。

笔记互动率＝（点赞＋收藏＋评论）÷阅读量

点赞、收藏、评论三个指标越高越好，并且三个指标的重要性依次为评论＞收藏＞点赞。所以评论区用户留言越多，讨论氛围越热烈，对内容的曝光就越有利。对博主本身也会更有黏性。

笔记的互动率很低，多是因为内容没有设置"勾子"，没有抛出对话的橄榄枝。或者选题本身用户参与感低。用户看完没有认同感和价值感。封面和标题不聚焦，并且没有话题性和关键词。既没有槽点也没有共鸣点，用户想评论都不知哪里下手。

（6）内容本身小众。

如果你的群体本身就比较小，那么流量低也是很正常的，需要找到小众内容跟大众所关心问题的连接点。比如文案写"对外汉语老师讲自己的日常"，大家对"对外汉语老师"没有认知，可能就一刷而过。但是文案写"对外汉语老师讲自己的职业收入"，并且强调是人人可做的高收入自由职业，那么就会有很多人围观。

（7）定位不精准，垂直类不稳定。

内容如果过于杂乱，会产生两个后果：对于平台而言，无法给你的账号打更精准的标签，这就意味着你的内容无法被更多人看到。对于用户而言，无法通过你的内容对你产生深层次的认知，这就意味着你的账号数据不会太好，从而又去影响到了系统对你的推荐。

2. 提升笔记热度的流量解药

流量解药一：深耕细分领域，增加记忆点，做大垂直类里小众的垂直类。

很多人做账号时，想法都是内容我做到最好，什么人关注、多少人关注天注定。等到账号有一定规模了，才会去总结关注自己的粉丝类型。但被动地等用户上门多少有点守株待兔的味道，主动筛选用户才是将主动权掌握在自己手中的选择。比如健身行业，可以只讲怎么练臀。从凹陷臀、妈妈臀的问题解决，到蜜桃臀养成的习练，到形成好看臀部相关的背后原理……都可以成为展示的内容。当账号在一个垂直领域的小赛道变得有名，产生流量就很容易变成精准流量。

流量解药二：调整内容方向到人多的地方。

人在哪里，流量就在哪里。无论我们是输出观点、输出情感，还是输出干货，都是能对用户做出预判的。某一类话题有多少人关注，什么样的人关注，事先做好调研，就能够得出相关的结论。所以，不要泛泛做内容，今天做这个，明天做那个，今天吸引来的是30岁女性，明天吸引来的是20岁技术宅。内容没有个性，用户无法对你有一个精准的内容预期，涨粉率自然就低，内容黏性也差。另外，我们也不希望爆掉的内容带来的是无效粉丝，这样一来后续的成交、转化、黏性都会很有问题。

流量解药三：定期给粉丝做一些小回馈。

如何与粉丝相处非常重要。粉丝关注你一定是因为你能够给他提供某种期待的价值，比如情感价值和知识价值。当内容的价值感还不够，无法打动用户的时候，还可以通过抽奖送礼物等方式维系与粉丝间的联系。用这种方式做一个有温度的博主。

流量解药四：抓牢热点。

结合热点（时下热点、节日热点）或者近期热议的话题，从不同的切入面入手，将热点结合自己的擅长领域创作内容。这是一种很有效的方式，热点＝流量，只要能够找到巧妙介入的点，通常都能取得不错的效果。

流量解药五：优化内容标签。

这里分享一下如何通过优化内容标签，把握搜索流量。内容标签对用户有一个功能——帮助用户简化内容搜索成本。那么对应的，对创作者也有一个功能——提升被搜索发现的概率。所以在搜索发现这个环节里面，标签比内容更重要，做好标签，你就掌握到了流量密码。

最简单的方式，在笔记中添加标签。发布笔记时可选的标签有很多，地点、品牌、商品、影视、用户都在可选之列。可以根据笔记内容添加对应的标签，提升被检索的概率，获得额外的曝光和流量。比如发布探店攻略时，可以添加地点的标签，有更大的机会被同城或者是即将踏上旅途的人看到。

另外一种方式，在标题、封面和正文中添加适量搜索关键词。哪怕只写一个标题。都要把高搜索频次的标签焊死在自己身上。这样一来，系统就会识别到关键词，容易分发和推荐，也就让内容更容易被检索，提升展示机会。

6.2.4 笔记爆掉却没涨粉是怎么回事

有的时候，很多账号会遇到一种情况——我的内容浏览、点赞、评论的数据都非常不错，排版选题都很优质，为什么就是没有大规模涨粉？也不能产生获利呢？出现这种情况，主要在于内容的收藏数据不够上。内容收藏数据低，证明内容给用户提供的价值感还不够，相应的转化成粉丝的概率就会降低。我们可以从以下几个角度来去思考内容的生产。

1. 有没有把用户当成"真实的人"看

会产生这样的结果，可能是因为你没有把用户当成"真实的人"看。

用户不是数据，流量的背后都是真实的人。当流量批量向你涌来，你是否了解已关注你的用户？他们每天的触媒习惯如何？有什么样的身份标签？为什么会打开小红书浏览你的内容？每天会在小红书停留多久的时间？每天在你的账号停留多久时间？你有没有提供一个关注你账号充分的理由……倘若不思考这些问题，是无法真正做到有效涨粉的。

2. 有没有讲好自己的故事

在你的内容中，有没有清楚地介绍自己。你是谁？你有什么样的经历？你能提供怎样的价值？为什么要花时间关注你……并且把这些点糅合进每一次的内容展示里。

好的流量代表了精准、忠诚和有效。只有在充分了解账号价值的基础上，粉丝才能心甘情愿产生持续的互动。因此，应该更多地把注意力放在讲好自己的故事上。

3. 信任感不是瞬间建立的

目前较少的粉丝数影响了未来的粉丝数，涨粉太慢可能只是因为你太着急。怎么来理解呢？想想我们在浏览小红书时，如果发现喜欢的内容，是不是会不由自主地点进主页，如果关注的欲望在一念之间，那么决定关注是与否的，一定就是基于粉丝数和往期内容的判断。所以粉丝数是影响用户关注意愿的重要判断指标。

传播学中有一个著名的理论，叫作沉默的螺旋（The Spiral of Silence）。人们在表达自己想法和观点的时候，如果看到自己赞同的观点受到广泛欢迎，就会积极参与进来，这类观点就会越发大胆地发表和扩散；而发觉某一观点无人或很少有人理会（有时会有群起而攻之的遭遇），即使自己赞同它，也会保持沉默。意见一方的沉默造成另一方意见的增势，如此循环往复，便形成一方的声音越来越强大，另一方越来越沉默下去的螺旋发展过程。理论是基于这样一个假设：大多数个人会力图避免由于单独持有某些态度和信念而产生的孤立。那么评论区的空白和沉默其实也会带来这种螺旋效应。

粉丝的增长是需要信任感的建立的，就好像刚见面的男女，产生的喜欢是浅表层的。要通过优质的内容不断给用户制造意料之中的信任和意料之外的惊喜。信任来源于真实、真诚、专业、持续地做一件事，来源于能量更强的人或物的背书，来源于一个人强烈的自信。浓缩成为两句话：一是熟悉产生信任！二是信任产生于"专家感"，有了专家感一定会有粉丝的关注。所以，做创作者看似有捷径，其实真的没有。想要提升笔记的粉丝转化能力，其实只需要做到一点——持续生产有价值的内容。

首先，内容的信息量需得丰富，并且契合观众的需求点，利他的内容可以获得更多的关注。

其次，内容能够激发情感共鸣，用户会被有力量的观点打动，当大家从内容中获得了某种情感上的满足，用户会自然而然被你所吸引，这就是情感的价值。

再者，内容要有趣、新奇，见所未见，闻所未闻，比如这些年很火的让男朋友解说化妆的过程，其实就是利用了男性不爱化妆的特点，既可以给用户带来情感的温馨，又能够让用户获知到化妆的技巧。

最后，结合热点。高热话题自带流量，在热点的加持下，不仅笔记更容易脱颖而出，并且有冲突的观点，可以吸引有相似价值观的观众。

6.2.5　创作遇到瓶颈怎么办

通过分析复盘，已经发现了账号的问题所在，但是尴尬地进入了创作瓶颈期。创作瓶颈期是整个小红书运营过程中最难熬的日子里，眼看离更新日期越来越近，脑子里一片空白，对下条内容毫无头绪。这个难挨的过程大概每个创作者多少都要经历一次。那怎样寻找新的创作思路呢？

1. 倾听粉丝的声音，让粉丝成为灵感的来源

不确定观众想看什么的时候，与其绞尽脑汁的猜想，不如直接听听他们的声音。可以引导观众发表评论，在评论区找找用户的痛点，或者他们提出的建议也可以通过直播跟观众聊聊天，与最忠实的粉丝产生对话，找到他们的需求，从中挖掘内容灵感和选题。

2. 展示更加完整丰富的自己

生活中的你一定有不止一面可以展示，作为一个立体的人物，你可以从自己的生活出发，找找内容的延展，让创作的触角深入你的生活。上下左右迁移。比如本身你是做训练方法的博主，那饮食控制方面是否也能够成为新的选题？运动服装的"种草"是否也能成为新的选题？颜值类博主是否也可以构成新的方向？

3. 增加内容的新玩法

在熟悉的话题下寻找新的突破点和玩法，尝试新的角度或者不同的表现形式来做内容，甚至可以对已经有过的选题做翻新尝试。比如寻找大众领域的小众内容，你有别人没有，你知道但别人不知道的，你想到了但别人还没想到的。

挖掘小众领域的内容，突出特别、个性、不一样，小众不一定意味着更少的关注，小众可能代表着好奇心和忠实观众。

寻找参考对象。找多个你喜欢的创作者作为参考对象，学习他们的经验，站在巨人的肩膀上创作。

6.2.6　永不过时的流量密码

相信大家也发现了，无论内容怎样更迭，平台如何变迁，都会有同样的内容类型在流行。从纸媒到电视媒体到古典新媒体到如今的小红书等短视频平台，除了可爱、财富、健康、实用、新奇、美丽……这些零碎的关键点，还有很多显而易见、经久不衰的流量密码。这是因为虽然时代在日新月异的变化，可大家的基本娱乐诉求或者说精神上的诉求还是一样的。那么笔者也把一些好用且有效的流量密码列举在下面，大家可以当作选题的参考或者账号的方向来参考。

笔者会按照未来、现在、过去，三个时态来为大家列举。

1. 站在现在看未来

（1）改变。改变现在，催生用户联想心中渴望的图景。比如"让你的生活变得井井有条""让你的身材更加纤瘦""让你的工作变得更加高效""让你的气质变得更加优雅"。

（2）求助。求助现在，针对目前不够完美的现状提问，让用户可以发挥自己的能力。比如"救命！怎样才能拯救我乱七八糟的生活""微胖十年从没瘦过，谁能帮帮我？""工作效率太低下了，我到底哪里出了问题？""要和喜欢的人相亲了，怎样才能快速变优雅呀！"

2. 站在现在看现在

接纳现在，帮助用户与现实和解。比如"我爱我肆意洒脱的生活""我爱我微胖但健康的身材""我愿意做工作中那个平凡的螺丝钉""我可以允许自己不追求精致美"。

3. 站在现在看过去

怀旧，追忆往昔美好的时光，或者以一种全新的视角去审视过去。比如"过去觉得潇洒的生活是回不去的青春时光""我喜欢过去微胖但有福气的脸""过去觉得工作效率低，其实是太自卑了""过去那个不修边幅的我，才是最快乐的我。"

6.3 薯条投放：提高笔记曝光的技巧

薯条是帮助创作者增加笔记曝光，实现短时间内广泛触达用户的推广工具。购买的是笔记在发现页中的展示次数，大家可以根据自己的推广目标，针对性购买用以提升点击量、互动量、粉丝量。

6.3.1 了解薯条的买法和"吃"法

在使用薯条之前，要先找到薯条的开通路径，具体路径如下：

点击【我】—左上角【≡】—【创作中心/专业号中心】—【创作服务】—【薯条推广】，进入页面设置。

投放方式1：点击想要推广的笔记—笔记页面右上方的【…】—在弹出的界面选择【薯条推广】，进入推广设置页。

投放方式2：点击进入【创作中心/专业号中心】—选择【薯条推广】，进入薯条主页设置推广。

作者可以根据自己的需求选择投放时长、推广人群和投放金额。可以选择用薯条推广互动率比较满意的笔记，或者最能体现出自己个人风格的笔记。根据推广目的的不同，可以针对以下四个方面使用薯条推广。

（1）对笔记阅读量或视频播放量进行推广，薯条将笔记推荐给喜好点击阅读该笔记的潜在用户（这里的视频播放量不是指完播或者播放时长，是以小红书内点击进入笔记为准）。

（2）可以用薯条提高笔记的点赞收藏量，薯条会将笔记推广给喜欢点赞和收藏笔记的潜在用户，提高笔记的互动率，增加笔记的曝光度。

（3）可以用薯条来增加粉丝关注量，薯条会将笔记推送给喜欢关注笔记生产者的潜在用户，带来更多的粉丝。

（4）可以用薯条为直播间引流，薯条会将笔记推送给喜好观看直播且关注笔记创作者的潜在用户。

小红书会根据大家选择的推广方式预估出相应曝光量，虽然不见得百分百精准，但大家可以当成一个参考，做到心中有数。

在使用了薯条推广功能之后，作者可以在【创作中心/专业号中心】里找到【薯条推广】，查看自己的审核结果以及这篇笔记的实时数据，比如曝光量、播放量、新增互动转化。并且薯条推广的笔记在发现页中是没有固定位置的，会在小红书App的首页里面随机选择位置出现。

6.3.2 "吃"薯条的常见疑问

在了解薯条的"吃"法之后，点开投放界面会看到各种选项，该如何决定一条笔记要如何投放呢？接下来一一为大家解答一些常见的疑问。

1. 什么样的笔记可以投放薯条

不是所有的笔记都能够进行薯条投放的。必须是创作时间在90天内，非推广商业营销性的合规笔记才能够投放薯条。通过购买薯条进行推广的笔记，都需要事先经过审核，满足"小红书社区规范""社区公约""薯条推广服务协议""薯条内容规范"，审核通过再发布。

听起来复杂，但只要我们没有恶意标题党、低俗色情、伪科学和笔记中含有商业推广的内容等情况，基本上都是没有问题的。内容审核时长一般在

1～2小时的区间内，但也会受到节假日、突发热点事件等影响，上下大幅度波动。

2. 如何选择投放时间和时长

任何一种投放方式都各有利弊。一定要选择自己的最优方案。薯条可以支持选择多个推广目的，还支持选择不同的推广时长，所以能够根据内容灵活选择。

在投放时间方面，早高峰、晚高峰、周末的时间本身平台流量更集中，但也因此竞争更加激烈。为了让薯条的投入物超所值，可以按照这篇笔记的目标用户活跃时间来进行投放。

在投放时长方面，如果只是想判定这篇内容有无受到大家喜爱的潜力，那么小金额快速地进行6小时的曝光测试即可。如果想达到涨粉等特殊目的，建议延长投放时间为12小时或者24小时。

3. 推荐人群和自定义人群有何区别

薯条支持投放人群设置，通过性别、年龄、地域和兴趣等特征来选择你想把内容呈现给哪些用户。这样你的笔记就会出现在目标用户的发现页。

创作者可以选择智能推广和自定义设置。系统智能推荐是指系统会将笔记职能推荐给可能对笔记内容感兴趣的用户，自定义人群是作者可以根据自己的推广需求来自定义选择投放。

如果对自己的受众人群没有把握，刚开始投放的时候，可以选择智能投放，投放效果会比自定义人群更有保障。但假如你的账号垂直类优势明显，你也对自己的粉丝有相当程度的了解，那么自定义选择就可能达到更优的投放效果。

4. 什么情况下会产生薯条退款

当薯条订单未顺利完成时，会发生退款的情况，不过薯币退款不支持退回银行卡、微信等路径，只能返回小红书钱包里，用来直播间打赏或者继续进行薯条投放等用途。

发生薯条退款的情况可以分为三大类。

（1）薯条推广笔记未通过审核。

当笔记完全未通过审核时，薯币会全额退到小红书的钱包中。当创作者编辑了正在推广中的笔记，内容会重新进入审核流程，如果审核未通过，那么推广的剩余款项将会原路退还给创作者。除了笔记出现违规情况无法通过审核之外，小红书是没有限流的，在投放薯条的过程中，作者可以根据实时数据及时调整笔记内容。薯条推广在调整内容的时候是处于暂停状态的，在作者重新发布笔记后相应的薯条订单才会继续进行。所以如果内容确实存在不妥当的地方是可以放心修改的。

（2）推广完毕后薯条没花完。

购买的薯条未在购买时长内消耗完成订单的金额，在推广完成后，未曝光部分的选项会自动退回。不过大家要注意，根据薯条的使用规则，只要最终完成比例超过系统预定的95%，就属于正常完单，不会退还款项。比如笔记预定了5 000的曝光，但是实际投放的曝光量只有4 950，也算订单完成并且不会退款。

（3）内容不佳，系统自动中断薯条的推广。

小红书特别贴心的一点是，希望创作者能够获得与薯条投放相当的回报，当笔记的阅读量除以曝光量低于2%的时候，可能会被系统自动中断薯条的投放。一来避免因为效果不好，创作者薯条投放成本过高。二来也是为了拦截质量较低的内容，保证了小红书平台上的用户体验。注意不要随便删除投放薯条过程中的笔记，如果是创作者将正在通过薯条进行推广的笔记删除掉，没有完全曝光的部分系统也是不会给予退款的！

5. 为何投放薯条之后并未涨粉

薯条只是助力笔记提升曝光的工具，所以并不是可以保证具体的点击量和转化率的。提升曝光之后，点击量的关键在于标题、封面足够吸引人，而互动率取决于笔记的内容，粉丝关注量、账号主页的整体内容，投放薯条的同时对自己的内容进行优化，才能够带来有效地转化。检查一下自己的投放订单，是否属于定位较窄、较小众的定向，该类型的投放是很难在短时间内出现大规模的曝光和阅读量的，订单跑的很慢，甚至没有曝光也属于正常现象。

建议大家一定要在内容足够优质的前提下再去投放薯条！一定要选择自己

笔记中表现更好的去投放薯条，才不会造成薯条的浪费！

另外除了薯条，小红书上还有很多可以免费提升内容曝光的机会，主动参加小红书上的各种流量活动，配合新功能的尝试，就可能获得流量扶持，配合平台导向轻松做爆款。

6.4　团队作战：品牌官方号推广与获利

前面讲了博主作为个人如何获利，而在小红书平台上为品牌官方提供了更多的获利与曝光方式，不仅仅局限于做账号获利，还可以通过更多的推广工具配合账号形成矩阵式的打法，当然在这个板块也需要投入一定的资金支持。

6.4.1　矩阵账号与引流

在小红书想要通过笔记完成引流获利是需要一定的技巧和方式，操作不当的话，不仅无法获取精准流量，还会惨遭封禁的命运。

在引流时，首先要注意的是千万不要在评论区正文里出现任何形式的电话号码、微信号、二维码等引流信息，另外也要谨慎使用账号的私信功能，这些操作行为都是平台严格监管的，很容易就会被系统侦察到。

那该如何引流呢？这就要提到矩阵账号了。所谓的矩阵账号是指在平台上注册多个不同身份角色的账号，相互之间分工配合完成引流工作。在实际操作时，我们首先需要一个主账号和一个副账号，这两个账号的名字最好设置为一眼就能识别的相关账号，比如主账号名字为"某某某老师"，那么副账号就可以将名字设置为"某某某老师的小助理"，如果我们还可以储备几个小号一起配合引流效果会更好。这些账号组合在一起的核心目的就是控评，通过引导控制评论的方向来吸引用户主动留下联系方式，常用的方法有以下几种方式。

第一，评论区设置购买引子。这种方法是在主账号发完笔记之后，可以直接在评论区发布一条购买渠道的信息，比如很多家居博主在发完一条"种草"视频之后，在评论区会写下购买这些好物的店铺名称，粉丝看到之后就会到购物平台上搜索店名直接下单。

第二，咨询回复。这种方式适用于获取客资的产品，在主账号发完一篇种草笔记之后，有购买意向的粉丝就会在评论区直接留言咨询、询价、在哪里买等咨询评论，如果用主账号直接回复留联系方式风险就会比较大，这时候我们就需要用到小助理上场了。首先要在小助理账号用手写图片的方式上传一张带有联系方式的图片作为置顶笔记，可以让进入主页的人一眼看到。然后在评论区里回复咨询者："看我主页"，感兴趣的粉丝看到之后就会点击头像进行查看，按照你所留下的联系方式找到你。

第三，关联实体店铺。对于品牌方来讲，在小红书上最大的优势是可以建立线下门店互动，每一篇笔记，都可以带上门店的地址，粉丝在看到之后点击地址就可以直接进入到门店专题页，上面有门店的详细地址与联系电话，以及与门店相关的所有笔记都会被展示出来，可以理解为是一个相对完善的品牌页面了，直接增加消费者的认知与信任，在信任被建立之后，用户会点击电话按钮与商家进行通话预约体验。

想要引流成功，每一个账号成员都是不可或缺的身份与角色，它们必须高度统一，但又要有明确的分工与角色。有一些主账号不方便讲的话都可以用小助理的角色去说，同时我们也可以准备更多的小号在评论区控评，通过多个账号的联动对于评论区的节奏加以控制与引导，最终达到我们推广留资的目标。

6.4.2　品牌官方推广的四大方式

在小红书的商业产品官网页面，我们就会看到小红书为品牌的曝光与引流做了非常多的商业化产品，经常见到的开屏广告、信息流广告、搜索推广这些营销工具可以根据不同的营销场景来满足不同的推广需求，那么同时还会有不同形式让推广具有沉浸式的互动感。接下来我们会详细介绍几种经常用到的推广形式。

1. 小红屏

小红屏是在小红书上比较有特色的推广方式，它不仅可以覆盖开屏的黄金广告，同时还可以联动信息流笔记进行持续展示。这样不仅可以做到品牌曝光，用户还可以通过左下角的立即购买进行商品购买预付费，做到品牌与盈利双目标。

2. 信息流广告

在小红书平台上，信息流广告是和笔记结合最密切的一种推广方式，除了可以推广官方账号里面的原生笔记外，还可以直接将广告以用户最能接受的笔记形式进行卡片推广，对于获取销售线索的帮助非常大。品牌方可以在官方账号里选择最优质的笔记进行投放和推广，也可以将合作达人制作的优质笔记进行推广，进一步通过信任来促进消费与获利转化。

这里就要提到信息流和薯条之间的关系与区别了，都是付费推广，它们之间该如何配合才能达到更好的效果呢？

首先薯条是按照曝光来进行计算的，主要目标是为了给笔记进行加热，达到曝光笔记、增加阅读量、增长粉丝和点赞量这些纬度，起充值也比较低，只需要75元就可以。而信息流主要是按照点击来进行计算的，最低充值额度需要2 000元，它的目标就相对来说更为明确，主要集中在私信和下单，以及用户转化方面。

在我们的实操过程当中，为了能够达到更好的成本控制，会对两种方式进行综合性的操作。比如有的笔记在内容制作方面本身就非常偏向于转化，粉丝在评论区里面也经常会出现非常明显的购买意愿或者是私信行为，这个时候我们可以尝试使用薯条来进行加热和曝光。或者我们在进行信息流投放之前也会对笔记进行针对性地加入来完善整个信息的丰富度以及展示效果。

3. 蒲公英平台

蒲公英平是作为博主经常能够听到的获利工具，但实际上对于品牌方来讲，蒲公英平台可以帮我们找到精准的优质达人，来为产品匹配更加高质量的用户流量，增进我们品牌与新品的直接曝光，促进消费转化。

另外，蒲公英平台也是一个非常好的收集推广素材的工具。我们都知道在做信息流以及搜索广告的时候除了后台的数据控制以外，最重要的就是素材内容，一条好的内容会节省非常多的推广成本。所以在实际操作的过程当中，我们也会将蒲公英平台与信息流以及投放进行结合。在蒲公英平台上、达人所创作的广告是非常具有公信力的，笔记质量也非常高，更重要的是已经接受了市场的检验，所以将这样的广告素材进行混剪或者二次创作的话，就是一条非常高质量的广告素材，同时我们也通过付费推广的形式与蒲公英平台、达人推广的内容形成了矩阵互动。

4. 聚光平台

小红书的聚光平台与信息流平台略有不同，它的功能更加的齐全，也更类似于百度营销的后台。这个平台是将搜索和信息流全面打通的一种智能推广投放工具，可以针对单品进行更加精细的投放，从而达到转化，或者客资收集等目的。

所以对于品牌官方来讲，在小红书平台上面的可操作性更强，可以通过建立矩阵账号的方式来进行全面的推广。从官方账号、子账号，到广告投放、达人合作品牌建设，再到号店一体、直播带货，小红书将专业的商业推广与社区分享完美地结合了，为优质的企业和品牌提供了更加精准、有效地推广服务。

此外，小红书还有很多新鲜玩法，比如惊喜盒子还可以和开屏广告结合在一起碰撞出更多的火花，平台还提供了Insight数据洞察服务，可以发现潜在的商机，总之，在这个以消费"种草"的平台上有非常多的商业价值等待发现。

6.4.3　如何制订投放策略

小红书上给我们提供的推广工具这么多，形式也非常丰富，那在投放时我们具体该选择哪种推广？如何制订不同的打法呢？接下来详细给大家介绍一下。

在小红书平台上进行投放之前，首先要确定自己手中的预算有多少，不同的预算玩法也不一样。

对于刚起步的小品牌预算一般都会非常吃紧，那在这种情况下，想要获得更好的推广效果，就需要我们对于投放的精准度下功夫。最好不要选择和代理机构合作，而是亲自把控每一个环节。除了运营自己官方账号以外，我们可以选择比较靠谱的、符合产品推广需求的小型博主，这类博主虽然粉丝不多，但是出爆款笔记的概率会比较高，对于投放者来讲杠杆比较大，我们的花费也不高，可以保证比较好的投入产出比（ROI）。另外一个好处就是给予博主支持，可以让品牌可以和博主一起共同成长，博主反而会更用心来去推广我们的产品，等博主壮大了之后很有可能会用更低的费用来回馈合作关系比较好的品牌方。

如果当品牌已经有一定的沉淀，也有一定的预算时，我们可以根据市场的竞争程度去选择粉丝量更大的博主，这样的操作可以相对稳定的抢占关键词排名，从而提升流量的精准性，获得更稳定的产出效果。同样要注意的是，选择什么样的博主进行合作也是非常关键的，因为在与博主合作之后，推广所使用的内容，素材是由博主创作制作完成的，作为品牌方需要完全相信博主所生产的内容，不能做过多的干涉和反复修改，所以在初期的筛选是非常重要的。

　　在小红书上进行投放时有一点需要大家重视起来，千万不要一上来就大批量的联系博主进行投放，一定要把筛选、沟通、谈判这几步持续做好，真正筛选出来适合品牌与企业的优质博主再进行投放，尤其是在初期资金紧张的情况下，宁可不投也不能选错。

第 7 章
账号获利与转化

本章集中讨论小红书上的获利，关于小红书的获利模式，平台本身也在积极地探索全新的方向。目前，小红书在一些以女性族群为对象的项目，比如摄影、婚庆、萌宠、手工制品等类目转化情况都是很好的，对于大多数普通人而言，在盈利这件事上，小红书绝对不输于抖音、快手等粉丝基数更大的平台。

我们在前面已经说过，小红书的粉丝商业价值很高，很多人在做购买决策之前都会先在小红书上做功课。所以在小红书，哪怕500粉、1 000粉，都是有机会赚到钱的。并且在制订合作报价时，快手、抖音这些泛娱乐化平台，报价可能是粉丝数的1%，小红书却普遍高达5% ~ 12%。大家可能更好奇如何更大概率地获得指数级的回报，笔者不会给大家夸张式地描述获利的愿景，而是基于自己的经验讨论如何安全、平稳的获利。

本章主要涉及知识点有如下方面：

- 品牌合作获利。
- 带货获利。
- 知识付费获利。
- 获利针对性问题指南。

7.1 个人博主的获利方式

除了有团队、有公司、有规模的获利方式，在小红书，个人博主最基础的获利方式有品牌合作、带货、知识付费三种方式，下面对这三种方式逐一进行介绍。

7.1.1 品牌合作

与品牌合作赚取广告费是个人博主常见的获利方式，针对平台上的优质达人和品牌方，小红书专门搭建了官方交易平台，达人和品牌可以通过官方交易平台进行合作，也可以私下进行对接，各种方式有利有弊，接下来我们将详细介绍。

1. 了解小红书蒲公英平台

在小红书，接到品牌合作的方式有两种：一种是私下合作，通过某些平台或者私信与商家联系，进行软广合作；另外一种，就是经由小红书的官方渠道——小红书蒲公英平台。后者是更加安全有保障的方式，一来合作结束后一定能够收到款项，二来不经过官方洽谈的私单一经发现可能会影响到你的账号自然流量。

想要使用小红书蒲公英平台接单需要满足两个条件，第一要完成专业号的认证，第二要粉丝数 ≥ 5 000。满足申请条件后，就可以在该平台多方面展现账号的数据，设置合作报价，做好接单的准备。

进入小红书蒲公英平台设置报价有以下两种方式：

（1）在小红书 App 端中的【我】，左上角菜单中的【专业号中心/创作服务】，点击品牌合作，跳转到【蒲公英品牌合作】，点击右下端的【我的设置】，就可以在【我的报价】中进行报价设置。

（2）在电脑端登录蒲公英平台网页版，点击【我的】—【合作设置】中进行报价设置。

为了解决新入驻博主不知该如何报价的问题，蒲公英平台上还有【建议报价功能】，由官方参考同垂直类、同粉丝量级间博主过去 90 天的订单成交价格，生成一个报价分布区间，取中间区间的价格作为同行均价，来提供一个合理的建议报价区间。

此外，蒲公英平台也综合账号内容和粉丝量级等数据，对每一位创作者设置了底价，报价设置时如果输入的价格过低，会出现报价不得低于底价金额的红色提醒字样，这样报价方面就不再是困扰了。并且你也能够给自己设置一个合理的收入预期。

还有特别贴心的一点，创作者是可以查看同行价格分布的，包括和你同粉丝量级的相关垂直类同行的价格分布及分别的成交占比。通过成交占比，你就能得知定什么样的价格更好成单。每月的最后一天，平台都会计算出同行的均价和分布，并在下个月1号通知大家。

另外有些地方大家需要注意：

（1）当月报价不支持修改，但每个月1～25号可以无限次修改下个月的报价。截至25号24点的最新报价会作为创作者下个月的报价。

（2）每个月26号至当月结束，报价就不可以修改了。如果当月25号前没有修改下个月的报价，平台会沿用当月报价作为下个月的报价。

（3）尚未设置报价的创作者，无论是25号之前，还是25号之后，首次报价是立即生效的，后续改价同样会遵循上述2条规则。

（4）报价设置好后，一定要开启合作状态，这样才能够接单。

然后这里给大家一个小贴士。大家在定价格的时候，不要轻易被粉丝数所主导。笔者曾经在4A公司做过公众号软广投放的案例。同样的粉丝基数，广州的地方号，远远高于单纯的玩乐攻略账号。为什么呢？因为内容的垂直度和内容的稀缺性。品牌方和代理公司也会优先考虑转化率和账号的可替代性，所以如果你的内容真的很优质，尽管大胆报价！

2."吃饭"难，怎样让品牌方追着"喂饭"

品牌选号时，不是只奔着头部大博主去的，而是会根据预算合理地将账号逐一排布。哪些账号是打知名度的，哪些账号是带销量的，哪些账号是能够带来口碑的，无论是KOL还是KOC，都会从多个维度去考量，综合账号的定位、粉丝的黏性、粉丝的信任和近期作品的互动数据来做出采购的决策。只要掌握品牌合作正确的"吃饭"姿势，让品牌方看到投放的效果，以及拥有良好的合作体验，就不会有"吃饭"难的问题。我们可以从以下几个方面提升自己的接单素养。

（1）提高自己的配合度。

品牌方下单之前，一般会私信与KOL沟通合作意向还有档期，通过沟通的过程预判之后的合作会否愉快，在符合账号定位的前提下尽量挑选配合度高、创作能力强的优质账号合作。

产品、档期、推广费用都跟品牌方确认，按时交稿，并保证图文质量。拒绝合作时，提前跟品牌方说明原因，因为合作时的款项是先打给平台的，这样也不影响品牌方的后续工作。把双方的损失都降到最小，保持自己的专业素养时刻在线。

（2）设置合作的原则。

创作者在合作的过程中一定要设置自己的原则，有原则的账号能够得到更多合作方的信任。

接单之后，博主一定要对产品做足功课。一定尽量选择熟悉可靠的品牌，除了在网上搜罗大量信息，还可以要求邮寄样品试用，觉得使用体验良好再进行后续合作。要有真实使用的经历，真诚"种草"。缺乏长期使用体验，仅靠主观判断就开始带货的笔记，受众不仅不会买单，还会伤害用户的感情。

产品的调性跟自己的往期内容，在风格、调性上尽量保持一致，并且产品的品类最好也与自己强项关联。比如，如果一个运动博主平时总是在强调正常吃饭好好运动，突然带货代餐产品，就可能给用户感觉"他要开始带货赚钱了"的感觉。

最后，产品一定要达到自己的筛选标准！并且要提前确认客户是否能够接受真实客观的评价。不说假话，才能拥有粉丝的信任，是长期保持带货能力的基础。

（3）提高内容的专业与多元。

图文或视频物料要由自己亲身创作，不要用盗图、过度滤镜、磨皮种种手段伪造产品功效。介绍卖点时不能硬广，也不能夸大效果，用户是极度聪明的，一旦有夸张描述，群众的眼睛是雪亮的，评论区就会翻车。提前站在粉丝的立场进行充分的考虑，千万不能透支粉丝的信任度！另外，尽量少采用对比式的"种草"，恶意踩踏产品的对标商家容易引起纠纷。

在创作内容时，要极度专业，尽量多提供产品好用的事实与证据，也要发挥脑洞，不必拘泥于常见的内容形式，任何能想到的元素、技法，都可以糅合进自己的内容中，甚至可以融入生活场景进行展示。

"种草"完成之后，要在评论区跟粉丝及时互动、答疑解惑，从而在"吃饭"的同时提高粉丝好感度。

希望大家可以珍惜每一次合作。不仅是为了在商家和品牌那里留存良好的印象，小红书蒲公英平台会对博主按照信用等级分级管理，每个等级享受的商业权益都是不同的，等级越高，享受的权益就越丰富。提升信用等级后，会被平台优先推荐。收到合作邀请时，系统会发送通知消息，一定要在品牌下单后的72小时内及时确认，超过时间就会失效，被系统默认为拒绝合作。

7.1.2　带货获利

小红书上的账号分为企业号和普通个人账号。企业号是没办法选品带货的，只有普通博主的账号可以视频、直播带货。其中，视频带货的手段和玩法可以向更主流的抖音、快手平台借鉴。我们以直播带货作为接下来的重点讲解。

1. 提前开通好物推荐权限

进入自己的主页，选择【我的】—【创作中心】—【创作服务】—【带货】，打开之后就可以看到开通的方式了！当作者开通权限成为主播后，才能够在小红书选品中心里进行选品带货。选择契合度高的商品添加至我的选品中，开播时上架商品到直播间，当其他人从你的直播间下单，就能够获得相应的收益。

主播应该在选品中心里展示的商品推广时间前进行直播，按照与商家的约定时间及时长进行直播。直播内容按照与商家约定好的规则，对商品信息、抽奖内容、服务、发货库存等进行具体介绍。

建议所选的商品一定是自己亲身体验过，发自内心认可的。没有亲身使用体验的商品可以联系商家获取合作商品的样品。如果收到了商家邮寄的样品，需要在签收样品的七天内完成推荐，并遵守跟商家约定的样品使用及退换规则，假如需要退还退换，一定要在约定时间内退换样品。并且，如果你从同一商家处获得了多个样品，在直播中提及的商品数量应该大于等于获取样品数量的一半。

2. 直播中小助手的设置

进入小红书主页，点击最下方的【＋】按钮，选择并进入直播界面，在该界面点击添加商品，就可以把你从选品中心选择的商品挂在直播间了。

小红书直播选品上限为70个，小红书官方账号带货薯给出的建议是，每场直播选择至少选30～40个品，至少开播3～4小时，原因是品类越丰富，越有可能满足不同关注的消费需求，而直播时间越长，进入直播间的观众也会更多。更有利于提高带货转化。

直播时，可以在直播间右上角的观众中选择添加自己的小助手和超级小助手。小助手最多可以设置5位，协助维持直播间的秩序，带动直播氛围。也可以处理一些不恰当的评论，帮助回答直播间中观众提出的问题。

超级小助手最多可以设置2位，除了拥有小助手的基础权限，也可以设置小助手、发起抽奖、设置直播公告。这样一来就大大减轻了主播的负担，避免开播时手忙脚乱，影响直播效果。

普通的小助手分为选品小助手和直播小助手。直播间小助手只负责直播间内的互动和商品讲解录制，选品小助手可以帮助主播在直播前进行选品和在直播中增加商品。

注意，无论是小助手还是超级小助手，在设置时双方必须处在相互关注的状态。没有关注或者单向关注是无法成为小助手的！

选品小助手的添加方式：点击【选品中心】—右下方【我】—【常用功能】—【选品助手】，添加助手并且待对方通过，一个主播最多可以邀请5位选品小助手。

3. 怎么设置直播间抽奖功能

主播和超级小助手可以通过直播间右下角的抽奖图标设置抽奖奖品，奖品个数、开奖时间和参与抽奖的条件，比如设置只有在本场直播间购买过商品的观众才能参与，那么就可以结合时事售卖数据，在适宜的时机刺激用户下单。通过这个功能增加直播间的热闹氛围。

可以进行设置的抽奖条件有以下5种。

（1）关注主播。

（2）分享直播。

（3）输入口令。

（4）加入粉丝团（主播和粉丝的专属团体。粉丝如果想加入某个主播的粉丝团，目前只需要为主播赠送价值1薯币的团票即可，加入后会获得专属名牌、开播提醒、入团礼券等相应权利。在粉丝团里做系统任务可以提升粉丝等级，解锁相应的粉丝权利。粉丝完成观看直播、点赞、评论、送礼物、购买主播推荐商品等任务，就能够提升自己跟主播之间的亲密度从而获得更多权力）

（5）完成下单（只有添加了购物袋功能的主播，才可以看到完成下单这项抽奖条件）。

4. 正式开播前可以做哪些努力

（1）了解直播规则。

事先了解好"小红书直播协议""小红书直播带货管理规则""直播规范"等条例，如果违反了直播带货的规则，小红书会根据情节的严重程度采取处罚措施。因此，仔细阅读很有必要哦！

（2）发预告笔记。

提前一天或半天发布预告笔记，不仅关注自己的粉丝看到可以留下印象，同时也能被非粉丝看到，虽然是在给自己打广告，但好的主题和笔记甚至能帮助涨粉。只需要在创作预告"种草"笔记时，做到精准定向目标人群、直击用户痛点、专业论述卖点（必要时可以利用其他介质展现，比如展示筋膜枪的震动频率，就可以用水桶作为道具，当人们通过透明的容器亲眼目击水花的震动，比单纯告诉用户筋膜枪震频高更加直观）。

（3）设置直播预约功能。

可以通过小红书的瞬间功能发布，也可以在笔记上挂直播预告，通过瞬间功能的直播贴纸，或者发布笔记时的直播预告选项都能够做到，具体的操作方式因功能更新较为频繁，所以不再赘述，大家可以找到小红书的创作者学院页面学习教学内容，基本上可以看到最新的操作介绍。

（4）准备道具及测试直播间。

准备道具。信息提示类的道具，比如黑板、A4打印纸等方便信息展示的道具，能够让人非常容易地获知到你传达的信息；实用性的道具，比如美食博主的直播间准备好看、好用的锅具，运动博主的直播间准备多彩的瑜伽砖、普拉提圈；氛围烘托类的道具，比如文化博主手中的折扇、美妆博主的彩灯，达到调解气氛和缓解主播压力的作用。

检查设备。建议在开播前充分检查自己手机电量、网络状况、灯光、麦克风等设备的调试。直播封面、标题、美颜参数的调试。初次直播前最好提前试播。在直播准备界面，设置封面图的右侧，有一个仅对被分享用户可见的选项。如果仅仅想测试，并不想正式开启直播，可以通过取消对粉丝的通知，即可以开启试播功能。

（5）提前写好内容框架。

建议在开播前可以准备一个流程稿，把每个环节的关键点都落实在纸张上，即使一时忘记重要的事项（比如忘记讲解某个选品），借着低头的功夫，也能看到整个的直播流程是否正确。另外也可以让自己显得更专业，避免直播时无话可讲。

（6）固定直播时间。

建议将直播的时间固定下来，这样能够养成粉丝定期收看直播的习惯，增加粉丝黏性。由于很多主播都是晚上打榜，建议大家在新手主播时期可以错峰直播，早上和下午都是机会比较大的时间段。每次直播的打榜活动都有不同的奖励，可以通过试着优化观看时长、增加互动评论、直播间送礼物等，冲榜拿到官方给的流量奖励！

5. 直播时可以做哪些努力

留意数据。直播时是可以看到实时数据的，在直播间点开商品列表就能查看商品的实时售卖件数和产生的订单总金额。所以当评论区的反馈不足以让你判断当下的销售情况时，一定要及时查看，辅助自己实时调整销售技巧。

保证时长。直播最好保持在1小时以上，开播后系统会推送消息给粉丝，粉丝不一定会第一时间赶到直播间，但总会陆续前来。可以为后面到来的粉丝录制讲解。

录制讲解。使用小红书的"商品讲解录制回看"功能，在直播间打开自己挂上的商品列表，在商品的右侧就会有"讲解"按钮。介绍完商品特性和卖点之后，点击【结束讲解】，再点击【确定】，系统就能自动保存并生成讲解视频。不仅主播本人，超级助手也是有权限录制的，使用超级助手的小红书账号进入直播间，操作步骤同前面一样。这样一来，无论粉丝什么时候进入直播间，都能对你推荐的商品有个大致了解。

预告下场直播。直播快结束时，预告下一场直播的时间。粉丝直接接受主播口头传达的信息，印象留存深刻，转化效率非常高。

6. 如何提现结算

用户通过你的直播间进入商品详情页面后，在24小时内完成下单或者在24小时内加入购物车并在7日内完成下单，都会被归纳进主播的收益中。

对于个人主播而言，小红书将主播获得的相应收益结算至主播个人的小红书App钱包中，如果遇到节假日将会顺延至最近的一个工作日。

对于机构主播而言，小红书会在每个月的时候将收益结算给机构，再由机构进行主播个人的收入发放。

7.1.3 知识付费

在大家的印象中小红书是一个美妆"种草"平台，但是随着用户的增加与发展，小红书平台上也出现了非常多的知识型博主，平台针对这类博主也推出了知识付费的获利方式。

1. 小红书知识付费现状如何

小红书在2021年大规模地铺开了线上知识获利的渠道，博主们无须引流其他平台，只需要在小红书平台上就可以上传课程售卖或者开通直播课。并且客单价普遍高于其他平台，哪怕引流课，最低也是6元起售。这就筛选出了一大批真正愿意为知识付费的用户，同时也足以证明在小红书用户对于知识付费是有很高积极性的，他们认为知识是有价值的，并且愿意为知识付出等额的货币。这种尊重知识的风气，除了B站，在其他主流平台上是难以见到的。所以，如果你有职业身份，或者你是知识博主，那么知识付费一定要做！

2. 小红书知识付费对于课程设置的要求

小红书上博主们开设的课程种类繁多，大众的如心理疏压、美容美妆、学习成长、投资理财、燃脂健身、美食烘焙，小众的如手工制作、萌宠养育、工具使用……都取得了不错的效果！只要你拥有相关的经历或者知识，就有机会找到同频的用户购买你的知识付费服务。

并且小红书的课程制作门槛也很低，不需要任何复杂的设备或者剪辑。直播课，只需要你有一部手机，直接开播就可以。视频课，直接上传成品视频即可，除了视频大小，基本上没有什么限制和要求。

3. 如何策划课程可以取得更好的效果

想要课程取得不错的销量，除了课程内容放出后自发形成的口碑，课程的前期包装也很重要，大家可以在策划课程的时候，多多费些功夫。

可以从以下几个角度去构思。

（1）从用户需求出发策划课程。

参透用户的想法，每一个流量的背后都是一位有血有肉的用户！账号的关注者都是谁？他们是因为什么而关注？会为了什么知识内容而选择付费？

（2）从自身的特性出发策划课程。

平时发布的视频，哪些视频流量比较好？哪些视频带来的涨粉效果显著？是因为在视频中呈现了什么样的知识点或者要素？这些都要好好总结。

（3）从平台课程的销量出发策划课程。

在平台上，跟自己同类别的博主选择哪个大类开发的课程？取得了怎样的效果？自身可以与其他同类别博主在课程上产生怎样的区隔？

希望大家不要单纯地卖课，而是将课程视为一次能够筛选用户、经营用户、深入链接用户的机会。大家可以为自己设置不同价格的课程——低价款和利润款。

低价款肩负两个责任。一是负责前期用户的筛选，卖课的过程就是筛选用户的课程，可以测试出哪些用户是有付费意愿的，哪些用户在一段时间里属于无效流量。二是可以做多个课程主题，测试出用户对哪类课程付费意愿度更高。

利润款负责深度获利，与用户建立紧密的付费关系，产生相对大额或者长线的收益。

4. 小红书平台上常规的课程宣传手段有哪些

确定好课程的主题和设置后，在后台创建课程链接，填写课程详情，就可以进行课程链接的分享了。

（1）发布"种草"笔记或视频。

可以专门制作一条内容，对课程做个简单的介绍，体现自身的专业度和课程的价值。虽然是广告性质的内容，但如果博主本身粉丝的忠诚度高，并且"种草"笔记/视频拍的足够好，不仅不会掉粉，还会涨粉。

发布时可以带上课程的链接，用户边看边下单。

（2）私信用户。

可以单独给用户发信息，或者是分享在小红书的用户群里。一般发给已经关注过自己的用户。如果对方未关注你，并且私信后该账号未回复，24小时内最多只能发1条文字消息。

（3）利用好"瞬间"功能。

小红书的"瞬间"功能可以说是天然的广告位，发布的瞬间会以圆圈的形式出现在账号的主页，发动我们聪明的小脑筋，可以创造出很多有趣的玩法。最直白的一种，每个瞬间发布一张图，图上只写一个字，分别是"报""名""请""点""↑"。有意愿的用户会瞬间秒懂咨询。

5. 怎样把用户装进自己的流量池持续获利

单纯在小红书上获利，与用户只是浅层的交流。做知识获利一定要有漏斗思维，当我们售出一款课程，不是卖出去就不管了，而是从公域流量中筛选出用户，长期经营，个性化维护，跟粉丝建立起长期联系和情感，做自己的用户群。沉淀到私域的流量越多，自身的IP效应越明显。小红书上分散的公域流量虽然是流量的汪洋，但只有使用权，流动性大，不可控。沉淀到私域，才算是稳稳地掌握在自己手中。

笔者自己有这样的感受，是在2020年末的时候参与一次短视频奖项的评选，需要用户投票，投票的数量越多，入围的概率越大。当时参与评选的有深夜徐老师、秋叶PPT、樊登读书……如雷贯耳的账号，但是我们靠着自己的小红书社群成功地摘得了奖项。有这样的黏性，社群里的获利效果也很好，最高的课程单价可以达到12 800元。那社群里的人从哪里来呢？

第一，利用内容引流。内容引流是最好的引流方式，因为它很"软"，你什么都不必说，什么也不用做，用户在不知不觉间就主动找到了你。举两个例子：知识类的博主可以将高饱和度的知识提炼成简明扼要的干货帖，笔者做过一张阿斯汤加瑜伽的思维导图，仅仅600多的点赞量，就有50多名小红书粉丝主动添加笔者的微信求原图。干货分享类的博主，可以通过利益刺激在内容中推荐自己，比如某小红书博主，在推荐新手写作挣钱的渠道时，就把自己的公众号当作一个投稿渠道放了上去。她的稿费是单篇5～10元，在完成自己收稿需求的同时，妥妥地完成了超低成本的获客。

但是小红书的规则是每时每刻都在发展变化的，引流的方式也会随着规则的改变而进化。比如说在评论区置顶自己小号的评论，来引流这种方式。

第二，利用相关手段引流。引流之前，对于微信号ID的三大要求：好记，好识别，好搜索。不要是一连串的数字（例如78964538297），或者无意义的英文字母排列（例如ghjiopsdfha），也不要特别长（例如a1371394567890），最好全部都是拼音（例如xiaohongshu），全部都是简单的英文单词(例如tbyoga)，或者拼音/单词+数字（例如tbyoga666）。

第三，利用瞬间功能、私信功能、直播间、评论区引导用户留下微信。（注意不要留电话，除了少部分用户因为年龄、家庭的问题无法留微信，其他情况下即使留了电话，我们平时更多的也是发微信联系。）大家可以在自家账号中采用一些"软"提示语或者符号，让用户明白你的意图就好。小红书官方是禁止引流行为的，千万不要跑到别人的评论区或者直播间引流，很容易被举报到封号。

引流之后，大家还要把人留住。装饰好你的微信号、头像、昵称、个性签名、朋友圈封面图等，近期展示的朋友圈给人的感觉要跟小红书统一，加深用户对你的印象。最好在个性签名中展示你的特长和专业，不要让用户绞尽脑汁才能去猜到你能提供怎样的服务。还有最重要的一步，就是打招呼的环节，有交集的用户自不必说，一定会有话聊。但只是听从你的引导加了微信的，为了避免加上之后双方都不说话的尴尬，可以准备一份百字之内的"破冰"介绍：打招呼+我是谁+我能提供的价值。另外，还可以写一些其他的常用表达方式，一起保存在微信收藏中，随时可以直接转发。另外建议大家对这些用户打好标签，同种类型的用户放在一个标签下进行管理，严格区分已付费和未付费的用户，这样才能做好针对性的服务。

6. 不要做单一的专业号，适当暴露自己的生活

很多专业领域的作者会从自身的专业角度给大家很多知识上的普及和建议，一开始往往都是一帆风顺的，因为大家对于专业细致的内容都有极致的渴求，但一段时间之后，随着知识内容的干涸，涨粉速度变慢，接广告或者卖课，粉丝都不买账了。这是因为在一路输出专业的过程中，你已经将自己物化成为粉丝心中的学习"工具"，对获取信息的工具，粉丝是不需要投入感情的。

所以成为一个真实可感的人，为用户提供知识价值以外的情绪价值很重要。毕竟很多时候用户关注你并不是因为你真的可以帮忙解决生活中的问题，而是可以帮忙消解情绪上的压力。

适当地暴露自己的生活，首先是可以跟用户产生价值观上的共鸣，这至少可以帮你筛选掉一大批不可能产生付费的用户。其次，当你适当展示个人的特质时，品牌方也更有可能找到合适的"种草"场景介入，那么对于知识付费者而言，就又多了一条可以接商务的获利通路。甚至有很多更大的机会，比如投资人、合作伙伴，也会因为你充分展示了自身的特质，主动找上你。

那么如何去展示呢？不见得单独发Plog或者Vlog，展示自己的书柜、餐食、穿搭等生活的方方面面，也不见得非要讲很多过往的成长故事。你甚至可以不用改变你的选题，只需要在内容表达时下点功夫。

比如，通过打光、布景和化妆优化自己的个人形象，在每个视频中都去展示统一的优雅气质。再比如，在你的每一条文案中都插入个性化的表达，从"本条视频共分为三个内容板块"转变成"我不仅会从三个方面为大家分享，也会把我过去踩过的一些'坑'分享给大家"，告别机械化只强调内容重点的表达模式。

7.2　获利针对性问题指南

在学习各种获利方式之后，我们还需要了解一下在小红书的获利现状以及经常遇到的获利问题，只有做到心中有数，才能建立自己的获利目标，为获利之路做好长久的规划。

曾经自媒体时代流量为王的神话已经过去了。不管我们承不承认，当下，

已经不仅仅是粉丝数量在影响收益状况。在小红书同样是十几万的粉丝，有些人一年只能获利27万元的课程却有13.8万粉丝，有一些人则靠一篇笔记创造了60万元的营业额。因此，我们要及时扭转只看粉丝数的运营习惯。

7.2.1　流量是否100%决定了获利能力

有流量不等于有深度注意力。粉丝的注意力，不在于多，而在于粉丝有意识地将更多的注意力放在你的账号上。我们都见过很多点赞过千上万的娱乐八卦类的内容，发一张明星的照片，找出一个大家平时关注不到的点，就能瞬间激起百名、千名小红书用户留言互动，但对博主本身却没有深刻的印象留存。博主想要获利，却发现账号根本不具备商品转化的能力，无论带货还是接商单都行不通。所以，单单看内容的流量没有用。

粉丝数量不在于"多"而在于"精"。如果都是精准粉丝，粉丝数量越多越好，但如果只是围观的泛粉，那么账号就只是虚胖，即使几十万粉丝，也谈不上什么忠诚度。获利能力不一定能超过十几万粉丝的博主。如今在小红书平台，已经很难看到一个总发低俗、博眼球内容的博主可以一直活跃下去。所以在前期夯实账号的风格非常重要。还是拿笔者运营过的账号举例，该账号主体是笔者的老板在维护，他平时的工作非常繁忙，这就造成有的时候会有一个月之久的断更期。但是，即使在断更期，每天至少1～2个的用户留资，仍然会有获利产生。

7.3.2　几乎没有粉丝，能不能产生获利

在小红书，普通的博主，哪怕百粉也有获利的契机。

KOL，这个词大家都很熟悉了。KOC，是由前者逐渐衍生出的概念，即能影响自己身边的人（粉丝、朋友等）做出购买决策的用户。虽然相比于KOL，KOC的粉丝更少，影响力更小，但对比高报价的KOL，需要投入的成本更低，呈现出的"种草"结果更可信——用户在浏览笔记时会更关注内容消费体验和其中的信息真实度，用户对更透明、更真实的内容认可度更高。

所以，当大家已经习惯购物前搜小红书查看博主建议的消费模式后，只要账号本身有带货的属性，即使是几十个粉丝的博主，也有可能接到商单。而当粉丝数达到一到两千，可能平时的零花钱和使用的物品都可以由商家包圆。笔

者有一个生活分享类的朋友，在小红书只有1 800粉，但是毫不夸张地说，他连贴身衣服都是品牌方赠予的。当然，很多KOC的获利情况并不是很好，这是因为没有在账号里展示账号特质，你的账号里展露出了什么，才有可能给你带来什么样的产品广告，比如一直闷头写作发读后感，哪怕粉丝到了两三千，也是带不来像台灯和键盘这类产品的广告的，但只要你在图文内容中展现你的书桌布局，品牌方就能知道，这个作者她是有可能帮我带货的。

另外，如果你的账号服务性质特别明显，也是很容易获利的。笔者有一个朋友做了一个瑜伽上门私教的账号，当这个账号只有几百粉丝的时候，就已经能够养活一个2～3人的小团队，产生正向的现金流了。这也给我们带来了一个很好的启发，做离获利最近的事儿——策划好商业定位，先考虑自己的商业方向，而不是着急做内容。不管做任何赛道，都需要把握住自己受众的用户。

7.3.3　获利过程中需要留意的事项

小红书是一个特别讲究规则的平台，因此在获利时一定要遵循小红书"真诚分享"的社区核心价值主张。

（1）别着急"吃饭"。

同样一个商单找到粉丝基数和黏性不同的博主，价格是天壤之别的，所以如果不是很着急"吃饭"，完全是可以在粉丝沉淀情况更好的时候进行获利。

（2）千万别吃"烂饭"。

第一，如果在分享和创作过程中，收到商家提供的赞助或者便利，一定要声明利益相关。比如新品抢先试用，或者受到商家邀请到线下场馆体验，需要对相关过程和体验进行分享，一定要在发布内容时，在显要位置，例如图文笔记的开头文案注明，或者视频笔记中进行口播声明利益相关。比如"受某某场馆邀请""获得某某品牌的新品赠送"等。如果没有主动声明，并且被小红书社区审核判定为广告内容，很可能会受到治理和拦截。在分享时做到客观中立，是平台更加倡导的行为方向。并且注明利益相关并不会影响到博主的口碑，主动告知的情况下，作者只要分享真诚且善意的内容，都能够收到粉丝的正向反馈。

第二，在分享消费或者使用体验时，无论是否接受过赞助或福利，都不能进行过度修饰、过度描述或者美化体验感，一旦发现夸张描述，平台也会对过度修饰和美化的内容进行处理。

（3）"吃饭"最好通过平台。

小红书上所有与品牌的商单合作理应都是要经过小红书蒲公英平台达成的，这是小红书唯一的正规接单渠道，绝对不能被小红书发现有越过蒲公英平台接商单的行为，否则后果很严重。

第 8 章
小红书直播与社群运营

本章集中讨论小红书除商城与专栏以外的两大获利方式：直播与社群。现在各大平台都有直播，各大自媒体账号也都在纷纷入局直播，就目前来讲小红书在直播领域布局相对较晚，直到 2020 年才开放了全员直播功能，所以在各方面不如其他几个平台发展的那么完善，但是小红书的直播也有自身的优势，利用好就可以对我们的获利有很大帮助。本章不会赘述过多关于直播本身的搭建运营，更多会侧重于给大家分享小红书直播的一些特点。

本章主要涉及知识点有如下方面：

- 小红书直播的特点。
- 如何开启小红书直播。
- 小红书社群的意义与价值。
- 如何开启社群。
- 如何运营小红书社群。

8.1 新增长：玩转小红书直播

直播的玩法和短视频内容创作其实是两条通路，想要运营好一个直播间不是简单点击一下【开播】就可以的，还涉及主播塑造、内容策划、场景搭建、投流转化等各个方面。所以在开始直播之前也是要做好充分准备的，不能盲目开播。

8.1.1 小红书直播的特点

大家打开小红书的直播间就可以非常明显地感受到它的特点，这与平台本身用户构成有直接的关系。小红书平台的用户更喜欢精致、有品位的内容，并且在做消费决策上有自己独立的思考与观点，不会盲目下单，所以我们在打开小红书的直播间就明显感觉到没有那么快的节奏，也没有那么多的促销花样，更不会像带货直播间机械性地重复卖货脚本。

在小红书上做直播主播是否能够真诚轻松地与用户进行聊天是至关重要的，用更加客观理性的状态去展示产品的细节与品质才能够打动客户促成消费。要记住小红书的用户更加相信"一分价钱一分货"，所以不怕你的价格高只怕你的品质不够好。

另外在小红书做直播，直播间的场景也要更趋向于生活分享化的场景，这是因为小红书更加强调生活方式而非性价比，这一点在我们做直播间搭建上也要特别注意。

做小红书直播还有一个特点，每一场直播结束后，在我们的个人主页上都会有直播动态，与其他平台上不一样，在小红书平台上的直播是可以回看的，还可以倍速播放。所以在小红书上每一场直播不仅是作为获利，它还可以展示我们这个账号的更多方面，同时作为内容的一部分向粉丝介绍自己。

8.1.2 如何开启小红书直播

在小红书做直播，基础的操作与各大平台区别不大，主要是跟着平台的引导依次操作，但是想要做好小红书直播就要依据我们刚才提到的特点做好每一个环节的准备工作。

1. 直播准备

目前在小红书平台上面直播间的主要流量和笔记一样，还是来源于首页推荐，所以对于小红书来讲，直播封面以及直播间的设置就比较重要了，这一点和在抖音上直播略有不同。

在开播前，首先我们需要精心准备一张3∶4的图片作为封面，基本上的原则还是参照内容笔记的封面原则，一定要清晰，引人注目，字数不要太多，重点一定要突出，最好能够在4～6个字之内把核心观点说清楚。

其次要设置好直播的主题，这里可以输入16个字符，作为封面主题的延展，我们需要在主题里面明确地告诉用户，我们的直播间能为他带来什么，比如用"×××的×××分享"为公式的题目，可以更好地吸引用户进入我们的直播间。

以上这两点是小红书区别于其他平台直播的特点，因为在小红书平台上直播主要流量还是以双列信息流的方式进行展现，不像抖音在内容滚动期间直接就进入直播间现场。

2. 直播内容

由于小红书平台整体的氛围与用户调性，导致在小红书平台上的直播内容和在其他平台上的直播有非常明显的区别。打开小红书的直播广场，你会发现小红书的直播间节奏相对会比较安静，哪怕是带货直播间也不会像抖音上面节奏那么快，促销力度那么大，各种出单的言语层出不穷，在小红书大家更愿意听主播安静地分享讲解这些产品的真实体验，最终形成购买决策。所以在小红书进行直播时，直播脚本的策划以及节奏的控制是需要进行微调的。

3. 直播间流量入口

目前在小红书平台上主要的流量入口和短视频笔记的入口基本相似，主要是首页推荐、直播推荐、直播广场、主播榜单。相比其他平台的直播来讲比较特殊的是，小红书的直播间是可以直接进行站外转发引流的，在直播间我们点击右下角的【…】将直播分享至微信、朋友圈微博等站外平台，这样对于新手主播来说是比较友好的，我们可以利用已有的私域沉淀的老粉丝对直播间进行预热，通过老粉丝的互动将直播间推向直播广场与首页推荐。另外，在直播间里面，我们也可以主动呼吁进入直播间的伙伴们进行转发扩散，这样还可以形成裂变的效果，让直播间有更多的人进入。

8.2 新功能：小红书也能直接做社群私域

在2022年小红书开放了社群私域的功能，也就是说在小红书上可以直接建立粉丝群了，这标志着小红书将公域流量与私域获利的通道打通了。这一功能将短视频内容和直播结合在一起形成了引流到获利的一整套玩法。

8.2.1 小红书社群的意义

做过运营的小伙伴一定知道公域的目的在于获取流量，而私域的目的是增加粉丝黏性做转化。在以前小红书只能通过视频或者图文的形式来和粉丝进行交流，无法控制粉丝在看到一篇内容之后是否还能第二次进行触达，而且用户的习惯是遗忘性的，时间久了粉丝都不记得了还何谈引流获利呢。

所以一直以来在小红书上为了能够将流量获利，我们小心谨慎地做引流，想尽各种办法要到粉丝联系方式进微信群，但效率总是不高。现在小红书有了社群功能，很好地解决了这一痛点，那小红书社群具体能为博主带来哪些价值呢，我们将从以下几点进行分析。

1. 为用户洞察提供支持

和其他平台相比，小红书本身就是基于社区分享而创建的平台，所以用户本身对于社群的接受度更高，粉丝在进群之后也非常乐意分享自己的想法与观点，这样就为我们洞察粉丝需求提供了便利。在以往，我们只能在内容发布之后通过评论区来观察粉丝的想法与态度，无法做到提前洞察，有了社群之后就可以将预测提前，并且做到常态化的检测，为账号的运营与策略提供支持。

2. 为选题策划提供依据

在小红书上做社群，还有一点好处是可以为我们的选题策划提供依据。同样我们可以通过观察粉丝谈论的话题以及态度去洞察粉丝的需求。根据粉丝的需求反推出来的选题会更加受欢迎，出爆款笔记的概率也会提升。

3. 为引流获利提供支持

小红书开放社群功能后为获利提供了便利，我们可以通过将直播推送到群里来进行用户触达，让粉丝在第一时间接收到我们的开播通知，直接进入直播间完成转化步骤。另外通过社群的话题与运营增加了粉丝黏性之后，在社群里也可以直接触发用户的主动购买需求，这时候我们用客服号进行转换就非常方便了。

目前在打开个人主页后，店铺、专栏、社群、直播这些模块可以同时展现，这样就将电商知识付费直播与社群运营完全打通，形成了完整的运营闭环。

8.2.2 如何建立小红书社群

小红书的社群有这么多的好处，大家是不是已经跃跃欲试了，那接下来我们一起来看一下如何建立一个小红书的社群，以及小红书社群的基础功能。

1. 如何开通群聊

打开小红书之后，进入【消息通知】页面，会看到右上角有一个【群聊】按钮，点击按钮之后就能看到【创建群聊】功能，只要点击这个按钮我们就会进入到群聊的设置环节。

首先要给自己的社群起一个名字，接下来第二步要开启展示功能，这样我们的群在建好之后就会自动展示在个人主页界面上方便粉丝申请进群。

2. 社群的基础功能

在建好群之后，点击右上角【…】就可以完成更多的功能设置，这一点和微信群聊比较类似，都可以设置进群的门槛、群管理员、自动欢迎语，我们要将这些功能按照自己的运营目标一一设置好，然后进入拉新的步骤。

3. 如何进行拉新

目前小红书社群给的拉新方式一共有四种方式，首先在建好群之后就可以立刻看到"邀请进群""发笔记招募"两种方式，再点击社群右上角【…】之后，我们还可以看到"分享群邀请""关联笔记"两种方式。这样我们社群的那些入口就不局限于只是我们的粉丝，还可以通过笔记的曝光来进行引流，在社群里面再将它们转化成粉丝。

这样我们就将小红书的社群建立好了，接下来就是要进行日常的运营与维护了，通过社群的活跃度来完成最终的转化目标。

8.2.3 如何运营小红书社群

建群只是第一步，重点是后续的常态化运营与维护，我们将从三点来详细讲一下如何打造一个高质量的小红书社群。

1. 构建社群基础氛围

在建立了社群之后，要根据我们的运营目标来设置群规则，一定要让规则前置，这样才能在日后的用户管理中建立良好的社群氛围，这是社群用户活跃的基础。用户在进群之后，我们有责任有义务，让用户知道这个群的作用、群成员构成，只有用户知道了这些信息，他们才敢在社群里发言，明晰自己在社群里讲什么样的话是比较得当的。

2. 提升社群活跃度的小技巧

在我们确认了社群的目标和基础规则之后，就需要提升社群活跃度，这个时候主要发挥群主的能力了，这里有几个小技巧分享给大家。

（1）一定要设置好欢迎语。粉丝在进入社群时是以一个新人的状态进来的，带领群成员像新人致以热烈的欢迎，是拉近彼此关系的关键一步，在小红书社群里有自动欢迎语的功能，只要设置好之后，每进一个新人都会受到欢迎语。

（2）要定时定点进行互动。我们可以通过分享干货、观点、话题讨论等方式带动群成员的讨论与关注，有一些小红书社群还会通过打卡的方式来提升社群的活跃度，这个方法比较适用于知识类博主或者是健身类博主，在社群里面建立友好的氛围。

（3）及时回答群里的问题。在进群之后，小红书的粉丝会在群里问什么时候直播、什么时候更新，这个时候我们一定要给予回应，这样粉丝才会收到群主的鼓励和激励更活跃地在群里发言。

3. 做社群的禁忌

小红书社群有很多的功能，同时也有一些禁忌，如果不加以注意，也是会被平台判定为引流。

在小红书上，博主实现获利是要讲求方式和方法的，不能操之过急。在之前我们就已经多次地强调过小红书平台上的用户更看重的是品质，所以在建群之后，有的博主很着急进行引流，比如将客服微信等引流信息设置为欢迎语，每进入一个粉丝都会触发这条信息的自动推送，会引起比较强的反感。正确的做法是当群里面有一定的活跃度时，我们可以使用小号的方式，配合群主来带领社群的购买讨论方向，这样就可以比较自然地进行引流，让我们的效率更高、更安全。要记住引流与消费的基础是信任与印象的树立，而这一点在小红书平台上尤其重要。

第 9 章
突破运营困境

无论是个人还是公司、组织，想要在小红书平台上通过创建自媒体产生一定的影响与商业价值，最关键的难点其实不在于"术"的层面，而是在实际每一天看着播放量、点赞量等KPI数据波动时，我们应该用何种心态去面对？无法找到持久的获利路径时，我们如何找到破局点？而面对这些更底层问题所需要的能力，笔者称之为"道"。在做小红书的这几年里，笔者每一天都需要面对这些问题，对笔者来说是莫大的挑战，这些困难迫使自己直面内心完成真正的蜕变。在本章笔者会将自己突破这些运营困境的方法整理总结，在你面对同样的困境时可以在此找到答案。

本章主要涉及知识点有如下方面：

- 负面心态的解决方法。
- 体系性构建能力结构的方法。
- 成为创作永动机的方法。
- 执行落地前的建议。

9.1 勤于思考：调整心态与提升能力

在运营账号的过程中，特别是账号运营初期，会遇到非常多的挑战。涨粉慢、内容点赞数低、更新频率与本职工作冲突、刷到其他同垂直类博主的账号发现内容质量差别巨大……所有的这些可能都会影响到我们的心情，甚至带来压力。

做自媒体需要良好的心态和不断迭代的能力。看起来很难，也不过是捅破一层窗户纸。

9.1.1 五招破除负面情绪

在创作过程中，负面心态和积极进取的状态就像一个硬币的两面，是必然会出现的。对抗消极情绪的关键，就是成为一个解决问题的人。下面总结了五招破除负面情绪的方法。

1. 避免用情绪思考数据

笔者曾是一个舒压能力非常不好的人，在第一个月做账号的时候，看着粉丝每天以十几、几十的频率增长，感觉特别焦虑，每天都在怀疑自己的能力，然后在纸上算，如果每天涨50个粉丝，那么运营一整年也只能不到两万粉丝。

每当这个时候，我们就要跳出来，以解决问题的思路来对待这些问题。比如笔者就会在运营笔记里原原本本地记录每天的粉丝增长、点赞收藏量增长和每天做的其他运营工作。当看到数据在跳跃式向上增长的时候，笔者忽然明白，账号增长并不是一条斜线，有可能是指数级的曲线，不知道什么时候就能迎来爆发式的增长。虽然一个月之后只有三千多的粉丝，笔者也对未来变得更有信心了。

所以说，如果你也容易受到数据波动、网友评论等因素带来的影响，一定要把每天做过的事和产生的结果记录下来。这会让我们思考问题时更加的冷静。

适当从点赞、收藏、评论、关注的四大魔咒中抽离出来，如果只盯着这些数据，就一定会被这些数据所掌控。跳出来，才能够看得见运营的真相。比如，最近一段时间涨粉情况变差，可能是因为更换了内容风格；涨粉情况不如同期开始的小伙伴，可能是因为内容更垂直，粉丝更精准。

培养对自我的侦查能力，增加好的思考习惯，减少坏的思考习惯，这样才不会一味地陷入自责之中。

2. 避免比较式成长

我们都知道，做自媒体需要保持空杯心态，要多多向更优秀的博主学习。

但优秀的博主看久了，有时反而不利于自己能力的提高。

这就跟家长看小孩一样，总愿意拿自己刚上小学的孩子跟邻居家考上重点高中的孩子比较，为自己的孩子感到焦虑，但事实上二者连所处的阶段都不一样。

还是拿笔者的经历举例，运营运动垂直类的账号，笔者每天都会看健身类Top博主，时间久了，觉得成为一个优秀的博主需要太多的综合能力，比如有些博主笑容亲切，长相高级有辨识度；还有些博主表达风趣活泼，思维跳跃……这么对比下来，眼中全是别人的优点，想想自己的账号，哪还有出头之日，此时便会产生懈怠情绪。但实际上，每个人都有自己的命题，你怎样知道Top博主们就没有苦恼呢？也许她们正面临同类选题的枯竭，迫切需要转型的难题呢？所以说，可以看同领域优秀博主的视频，但是少拿来和自身做比较。

原因一：容易产生自我鞭笞。

经常看优秀博主的视频，会容易陷入"想不明白"的命题里——明明他做的我都做了，为什么就是他火我不火呢？同样的一个选题，凭什么他做就是爆款，我做就是小众呢？或者是自我打击——果然我不火是有原因的，我的设备不够好，所以我不火；我没有团队，所以我不火；我没有高颜值，所以我不火……

原因二：可参考价值不高。

已经有很大粉丝基数的人，他们的视频点赞融合了太多因素，经常看看，会陷入简单结论中，已经很难分析出来一个对你最有启发的点。反而是要看那些后起之秀，在声音、画质、语气、表情管理等因素都还有欠缺的时候，为什么她的这条视频可以爆起来，这个时候的原因一定是足够直观和简单明了的，省去了复杂的分析，你会更容易看到涨粉的本质。因此，要换个思路学习，不是说不去参考优秀博主，而是你完全可以把膜拜优秀博主的时间拿去自我提升。

原因三：不会拓展思路。

会觉得成功的案例都是相似的，必须要这么做，才能获得用户的喜欢。陷入模仿和重复中。给大家推荐两个可以帮助自己走出迷局的思维工具，可以帮助我们发现解决问题的线索，寻找思路。

（1）5W1H分析法，也叫作六何分析法，是一种思考方法，也可以说是一种创造技法。5W指：Who（何人）、When（何时）、Where（何地）、Why（何因）、What（何事）；1H指：How（何法）。通过你是谁，出于怎样的原因，想在何时、何地通过何法完成何事等一连串的思考，能够帮助我们有条理的思考，大大提升工作效率。笔者一般会在运营进入新一阶段的时候采用这个方法，应用到知识付费课程开发这些短期项目方面也是非常实用的。

（2）SWOT分析法，其中S（Strengths）代表优势、W（Weaknesses）代表劣势、O（Opportunities）代表机会、T（Threats）代表威胁。通过这四个维度的分析，可以帮助确定竞争的优势、劣势、机会和威胁，从而将自身的目标与现阶段的情况有机地结合起来。从中找出对自己有利的因素，避开对自己不利的因素，找出解决办法，并明确以后的发展方向。永远不要忘记自己最突出的特点，这将是你创作道路上最强大的依靠，也是创作自信的来源。

3. 克服焦虑

运营小红书的过程一定不是一帆风顺的，无意间被焦虑挟持，焦躁不堪，也是每个运营者很容易经历的阶段。当焦虑让注意力越来越狭窄，内容无法按时产出，就会在焦虑循环中渐渐迷失。

正所谓关注即强化，当焦虑挤占了全部的注意力，我们必须要找到解决焦虑的方法，无论是一顿大餐，打一场游戏，还是买一件漂亮的衣服……别让焦虑埋在心里，在这里，笔者推荐大家一种零成本的舒压方式——写下来。

可以准备一本运营日记，专门留出一页当作自己的焦虑罐，每当有焦虑情绪，就把相关的烦恼和担忧写进去，然后每天固定一个时间来这一页看看，想想自己的烦恼，剩下的注意力自然就可以留给那些开心、有价值的事情了。所谓看见即降服，刻画出焦虑具体的模样，它就不再是可怕的敌人了。把自己心中最恐惧的事情都放在同一个地方关起来，是一种很好的舒缓焦虑的方法。

4. 拒绝低能量

当精心制作的内容没有激起任何水花，当各种新尝试没有迎来任何变化，当一腔热血洒出却遇冷……运营者会很容易变得脆弱。那么，能量低的时候怎么办？提供三个有效的方法。

（1）回忆自己的高光时刻。

当脑海中浮现了否定自己的念头，可以试着回忆自己的高光时刻。过去的经历不会说谎，已经制作的内容，已经记录的数据都不会说谎。看到这些，心会安定下来，能够找到前行的动力。

（2）找一个欣赏的榜样，进行学习。

这世界上一定不只你自己一个人正在经历挫折，你现在经历的一切，一定还有别人有相同或者相似的经历。向过来人取经，小红书上优秀的人浩如烟海，一定有一个人曾经的经历与你相仿，能够给你向前的力量。

（3）回归阅读。

能量低的时候，做什么事都提不起精神，那么就读书吧，加固自己的内在底层逻辑。不需要耗费太多的心神，书中的故事、道理、智慧……都能使你的心情顺利得到转换。当然，如果你能静下心来看一些专业书，一定会大有启发。

（4）改变创作方向。

一个方向不行，那就换一个，没有什么大不了的。如果真的觉得一段时间路走的特别艰难，那就换个赛道，很多人都是换了赛道之后迅速崛起的。笔者有个朋友本来做国内旅行，但是无人问津，后来改方向做美妆，做得也很好。

5. 搞定拖延症

"一个人不能只思考，而应该将行动作为思想的补充。"创作最大的阻碍，就是拖延症！正确认识拖延，可以避免创作路上很多的情绪内耗。大平信孝在《一个笔记本搞定你的拖延症》一书中分享了三个关于拖延的观点。

第一，我们搞不定拖延，是因为拖延也能产生好处。人不会做没有好处（报酬）的事情，拖延最大的好处是，能够延缓坏情绪的产生。只要继续拖延，那些麻烦的事情、没兴致的事情、棘手的事情带来的焦躁、不安、痛苦、疲劳……就统统感受不到了。

第二，拖延并非什么也不做，拖延也是一种行动。为了顺利完成"拖延"这件事，要面临粉丝催更的压力、内心无法按时完成任务的压力……所以拖延也是一种行动。出现拖延的情况时，不要否定自己。想要告别拖延，只需要告别那些为了拖延而付出的努力。

第三，暂缓不重要的事情，不算拖延。所谓拖延，指的是拖延对你而言真正重要的事情。将不重要、不紧急的事情延缓处理，算不上拖延。所以要客观看待手头的事情，什么是重要而紧急的，什么是重要不紧急的，什么是紧急不重要的，什么是不重要也不紧急的。既然是不重要也不紧急的事情，拖延一下也没什么问题。

先对拖延有一个客观的认识，解决起来就不难了。

（1）设立远大目标。

解决拖延最有效的方式，就是设立远大目标。没有目标的事情，无论是谁都很难坚持。但如果找到了目的地，就找到了行动的开关。

设想一个通过做小红书，无论如何都想要达到的未来。设想未来的自己，半年后可以达成怎样的目标，一年后达到怎样的目标，三年后会站在什么地方？拥抱怎样的惊喜？通过小红书完成的事业会是什么样子的？从未来的图景倒推应该制订的规划比直接制订规划再展望未来更有说服力。远大的目标会督促自己马上行动起来，即使不能百分百完成，完成一半都可能带来非同凡响的收获。快速完成内容初稿，先执行再打磨，最重要的事情是行动，而不是百分百的完美。

你可以选择将目标写下来，把目标文字化，时时翻看。甚至可以在每个目标后面贴上有象征性的照片或者画上有象征性的画作，这一番操作下来，目标便会更加清晰，也会更加容易实现。

（2）为目标赋予意义。

建议同时为做账号这件事赋予意义，做账号如果只是为了成名或者盈利，那么在目标没有达成之前，日子会特别难熬，甚至会熬不下去。赋予深刻的意义能帮助我们更长久地坚持。比如做知识输出的账号，可以把做账号的过程当作在为自己搭建知识框架，让自己的知识框架更系统，为后面写书、出课程做铺垫。做美妆穿搭，可以为做账号这件事赋予使命感。笔者不是在简单输出变美的技巧，而是帮助更多平凡女孩子获得自信。给自己一个经得起推敲的理由，就不会被负面情绪冲垮。

（3）别想太多。

不要因为当前所处的时机和环境不好，就推迟自己做账号的行动。最好的时机不是等出来的，而是通过行动试出来的。卸下你心头的防备和恐惧，请相信你能够应对未来发生的一切困难。如果你仍然时不时有负面情绪上头，请在心中告诉自己，不要停留在对过往的回忆中，因为"过去"已经是发生过的无可扭转的事实；也不要满足于对未来的憧憬中，因为你并不真正知道如何行动能够让想象中的图景发生。我们能做的最好选择，就是"停在当下，关注此时"。

同样，不要等着环境变好再采取行动。如果你不行动，环境是不会变好的；但反过来，你可以通过对现有环境采取行动，去改变环境！我们可以运用潜意识的力量帮助自己完成我们的目标。你可以在心中描绘光明的图景，并不断地告诉自己"无论现有条件如何，我可以完成我的运营目标，我可以取得成功"，潜意识的力量是巨大的，它会潜移默化影响我们的心智，只要你不断在心中重复确认目标，想着目标，目标最终都会实现！希望大家无论采取什么行动，都即刻按照直觉动起来！

9.1.2　实现能力的迭代更新

我们听说过很多辞职做自媒体的神话。辞职做自媒体，一年成为头部博主，商单不断，还实现了依靠小红书平台的创业神话。但辞职之后，我们就能马上得到希望的结果吗？

由于工作性质的原因，笔者本身认识非常多的自由职业者：做摊主卖茶器、手工皂、手工饰品的；做小红书、抖音博主接商单接推广的；做自由老师教瑜伽、健身、音乐、舞蹈、绘画的；自己创业开面包店、摄影摄像的……更重要的是，因为曾经工作的关系（瑜伽教练培训行业），每个月都能目送学生们毕业，很多人就以此为契机，成为自由职业者。这里面，有收入微薄被迫转行的，也有一鸣惊人从此实现人生跃迁的。大家的境遇如此不同，因此我们要客观冷静看待成为自由职业者这件事情，不是辞职了才能做自媒体，不断思考如何迭代个人能力更为重要。

1. 自由职业意味着什么

首先，自由的背后可能是安全感的缺失，失去了稳定的工作，虽然意味着不会再有规章制度的制约，但是没有了稳定的收入，人会很容易脆弱。所以一定要去评估，自己有多少抵御风险的能力！如果接不到商单，你有没有一定金额的存款？除了自媒体博主，还有没有其他收入渠道？拿身边的人举个例子，笔者认识的很多自由职业者在2020年突然获利受阻，甚至开始送外卖和在便利店打工，这样的落差感，是你能承受的吗？

其次，时间管理的困扰。没有了公司的约束，独处的时间增多，是否还能有规律的作息和规律的产出？一个人对待时间的方式，决定了他的未来能够产生多大的影响力。如果你是失去外部作用力就容易变得懒散的类型，那么你有找到内心的驱动力吗？

再者，社交的困扰。一下子从紧张的工作环节中抽离出来，可能会有很大的不适应。如果整日宅在家里，你是否能够维系基本的社交，不脱离社会大环境？住在家里，可能会被家人频繁的打扰，你有没有应对的方法？

最后，如果到最后自媒体之路真的不顺利，你是否还愿意或有能力回归社会岗位呢？辞职之后，你的社保和公积金应该怎样缴纳呢？以上问题都需要我们理智地思考和判断，从中找出适合我们的路。

2. 如何实现能力迭代

当然，不要被上面这些问题吓住，如果这些问题对你产生了困扰，不是这些问题本身困住了你，而是你成为自由职业者的条件还不够成熟。相信大家想做自由职业者有各种各样的出发点，不喜欢上班的规矩束缚，想要打造自己的IP，想要实现自我价值……但究其根本是为了寻找更丰富和灿烂的人生。如何平衡自己的人生？如何投入做自己真正喜欢的事情？想明白这些，你的副业模式会自动开启。

笔者见过比较成熟的自由职业者，在做自媒体的初始阶段，一般都会有稳定的主业收入来源，在主业之外经营自己的账号。一旦进入全职自由职业者的状态，他们首先会保证主业的收入不中断。其次，会努力学习优化工作方法，提高单位时间里工作的产能和效率，多去体验和学习新知识，给自己找到更新的动力。最后，还会有仪式感的休息，定期给自己放假，主动安排自己休息的节奏。

所以不要生活在想象里，先在现有条件下行动起来，一边开启你的副业，一边体系性地构建自己的能力结构。只有行动起来，才能知道在未来某个节点成为自由职业者可不可行。

9.2 持续学习：成为创作永动机

输入>输出，就是成为创作永动机的方法。做自媒体，拥有不断迭代的自我学习能力是很重要的，有意识地学习，能够加速我们自媒体的成长历程。见的多了，对自己的账号内容方向心里就更有底了。

9.2.1 阅读是最靠谱的有效输入

在这一节，笔者不仅会去推荐经典读物，也会推荐一些浅显的但对自己很有启发的书。一本书好不好，不是看口碑，重要的是自己吸收了多少。"3招教你学会写标题""5招帮你做爆款"，这种一步到位式的学习，终究只是他人经验的表层呈现，你不知道他们为此读过什么书，做过什么事，付出过哪些努力。所以，我们要自己读且自己实践。

1. 经典传播学读物推荐

新媒体光速变迁，没有恒久有效的运营方法。只有理解了传播学的原理和规律，才能够掌握做自媒体的底层逻辑，永远处于不败之地。

①《超级符号就是超级创意》，作者为华杉、华楠。

推荐指数：4星。

人际传播是一种符号互动。建立品牌就是在建立符号，我们做自媒体，同样是在打造超级符号。

随着小红书上的内容不断繁荣，用户筛选信息的成本越来越高，这本书能让你实现传播过程中的"熵减"，结合书中的观点来运营账号能让你的IP形象逐渐变得有序、清晰，通过"西贝莜面村""厨邦酱油"等众多经典的案例，深入感受超级符号的魅力，读完会帮助你打开思维里的墙。

②《广告人手记》，作者为叶茂中。

推荐指数：4星。

作为广告人中的传奇人物，叶茂中的书中每个文字都闪烁着智慧的光芒。做新媒体，读点广告人写的传播学读物，会有别样的启发。

2. 实用型书籍推荐

迷茫的时候，多去看看前辈们分享的经验，在他们走过的道路里，藏着接地气的智慧。

①《学会写作》，作者为粥左罗。

推荐指数：4星半。

粥左罗是自媒体时代一个响当当的名字，也是一位优秀的新媒体导师。摆过地摊，做过服务员，依靠写作这项技能年入千万，他的经历不可复制，但他的写作方法却可以。所以这本书，是真正的写作中的经典。假如你有特定目的，非文学性的写作，并且想让写作产生实实在在的价值，读完之后一定会大有启发。

②《放大》，作者为池骋。

推荐指数：4星。

如果你做小红书的决心还不够坚定，一定要读读这本书，它会帮你迅速找到自己可以被放大的亮点，然后把自己的想法落实下来。掌握放大的思维，实现人生的跃迁。很多时候，账号受到局限，只是因为我们的脑海中没有"放大"。

③《副业赚钱》，作者为张丹茹。

推荐指数：4星半。

做博主，不仅仅为了个人成长，赚钱也同样重要。虽然这本书的评价有些两极化，喜欢的人很喜欢，批评的人自有一番道理，但这本书笔者是一定要推荐的。

因为这本书的作者就像千千万万个普通的你我一样，没有强大的教育背景，也没有光辉的职场经历。但她却通过自己的实践，从一个月入2 000元的客服，慢慢一步步成长为财富自由的优秀女性，笔者更看重的是这份经历以及这份经历背后作者的思维模式。

很多时候我们处在焦虑期，很想赚钱又不知道从哪里入手，不是因为我们没能具备副业赚钱的能力，而是因为思维限制了我们的行动力。所以这本书，大家可以当作开启副业的方法书来看，因为书中的建议确实操作性很强，你可以挑选马上就可以用到的方法，精读后写下自己的行动计划清单。也可以当成一本启发性的读物——明明已经具备了副业的能力，是什么让我们踌躇不前呢？

人生没有什么不可能，希望读完这本书，你也能开启自己想要的人生之旅。

9.2.2　有意识地借鉴他人

想要快速的实施小红书的运营计划，我们不但需要了解相关的传播学知识，而且需要一位甚至更多可以"亲身"示范如何飚红的导师。让已经成功打造个人IP，或者获利的人来告诉我们，怎样拍摄和经营才能快速达到理想中的境界。而得到导师真传最快的方式，就是借鉴。

声明一点，这里的借鉴绝对不是抄袭，不是完全重现某个他人的作品，抄袭可能会带来短期内明显的结果，但是对于长期而言，破坏性很大。这里的借鉴是指从他人作品中受到启发，拆解的是创作风格、创作思路和创作技能。

1. 颠覆之前先借鉴，触发灵感和产生激励

总有人一上来就说，我想做点新鲜的，完全不同于别人的，我得把账号做出我的风格。有这样的想法当然非常好，但多数情况下，当你问询他想如何不同，怎么创新，有没有初步的想法时，他又支支吾吾，无法回答。

其实这个时候，就是我们眼高于顶了，所以看不到眼下应该从哪里做起。这个时候，还是应当把我们的心沉下来，踏踏实实，从搭建自己的创作系统开始。当我们开始有意识地借鉴他人，意味着，借鉴可以帮助我们避免在创作道路上的无端损耗和消耗，可以提升单位时间内作品产出率。

2. 学会给自己预设门槛，定下借鉴的目标

借鉴，是为了提升自己的创作速率和效率，大家的时间都很宝贵，时间的消耗必须体现出价值。借鉴的同时要激发自己的创作潜能，不要否定自己的原创能力，要学会释放自己的潜能，相信自己本身就有无限可能！

（1）定下借鉴的目标。

借鉴要解决的问题是，在混乱的脑海中建立创作的秩序，因此在开始借鉴前就要想好我要借鉴谁，做到什么程度，拿什么当成我借鉴成功的判断标准。切勿一味模仿抄袭。

（2）向内深挖，要学就学创作的底层逻辑。

站在内容演动规律上，重新理解创作的意义。如果这个博主很有观众缘，那么这份亲切感是从哪里来的？一定不会只因为长相穿着这些外在的东西。不要被其他不可控因素占据自己太多的注意力，观察自己能够习得的、可以掌控的要素。

（3）不要被麻烦吓到。

我们不是一下子就可以变得很优秀的，所有人的优秀都有自己一个积累过程。呈现在我们眼中精彩的几分钟，也许对于别人而言已经有了几年的沉淀。

别怕麻烦！

3. 借鉴、重塑、超越，迭代创作的思路

创作之路最好从借鉴开始，但一味借鉴不会长久，也不可取。正所谓熟能生巧，当借鉴进行到某个成熟的阶段时，就可以考虑站在巨人的肩膀上，迭代创新。与开头我们提到的一上来就创新不同，此时的创新才有意义，因为你已经把"常规"的路都走过一遍了。

9.3 踏实去做：写在执行落地前的建议

马上接近本书的尾声，最后再强调一些有用的建议给大家，希望大家都可以顺顺利利的完成心中所想，实现小红书运营相关的所有梦想。

9.3.1 创意的目的在于落地

这一节写给充满创造力、灵感不断、想法天马行空的创作者们，刚出发的创作者们就犹如新生的幼苗充满了无限可能，笔者希望在这个小节能给新手创作者们一些保护，不至于美好的愿景在踏出第一步时夭折。

先来讲个故事。之前有个想法特别活跃的瑜伽馆主咨询笔者做小红书的事宜，抛出了很多有意思的点子，此处特举两点予以阐述。

灵感一：做一个"心想事成"的采访账号，采访身边各式各样的人，询问她们目前的处境，然后帮助她们链接资源，完成一件特别想做的事情。在她看来，这个事情很新颖，如果做成了，会源源不断有能力的人找到她，有意思也有收入。

灵感二：做一个剧情类的账号，将各种有趣的故事和瑜伽进行结合，比如改编日剧"世界奇妙物语"其中的某个剧情——打开一个罐头，就会出现一个练瑜伽的女孩，做各式各样的瑜伽动作，好玩有意思，还能传播瑜伽知识。

怎么样，听起来都很不错吧！这两个点子听起来没有人做过，而且特别有

意思。在这里，笔者必须要肯定的是这个瑜伽馆主提出的想法都特别好，但问题在于，这两件事情的可执行性特别低。这个低，指的是相对她本人而言比较低。

我们下面来探讨一下她的两个想法为什么会可执行性低？

1."心想事成"采访账号落地难度大的原因

一句话总结——工程量太大，更适合专门的团队去做。为什么这样说呢？原因如下：

（1）时间成本太高。

先算一下，采访并制作一个人物的系列视频需要分几步。

第一步，确定采访人选，随后了解该人物的需求。

第二步，根据该人物的需求找到对应的人脉，并说服对方提供帮助。

第三步，约好采访人选的时间，根据提前撰写的采访大纲进行采访。

第四步，对接好帮助人，随后进行后续的跟踪，确认事情进展。

第五步，为观众们呈现"心想事成"的后续。

虽然采访一个人可以剪辑出好几条视频，但是完成一个人物案例的周期实在太长了，可能几周到更久，作为一个需要承担店里主要管理工作的瑜伽馆主，目前她实际上抽不出这样的时间精力。

（2）沟通成本太高。

要打造"心想事成"的感觉，就必须要确认"帮助者"和"被帮助者"能够顺利对接，并取得成功。这中间可能发生意外的情况太多了，需要主策划人有很强的统筹能力，才能顺利推进执行。而在做个人IP定位的时候，笔者了解到的沟通，恰恰是她所有能力中需要补足的一环。在推进一件事需要跟不同领域的人沟通时，她常常会有无力感。

（3）并非自己擅长的领域。

这也是最重要的一点。这件事对她而言本身是陌生的，采访虽然能够倒逼自己成长，但是在舒适圈之外，需要从内在突破克服心理障碍，也需要从外部突破学习采访技能。而且拍摄、后期等执行难度也相对较大，那么为了在几个小时的采访片段中找到几分钟的精彩浓缩，需要她投入大量的时间精力先去学习，这么一来就没有办法立刻动起来。而额外去雇人，也没有充足的资金。

2.剧情号落地难度大的原因

接下来我们探讨剧情号，想法真的很有意思，听起来好像没有很大的问题，为什么会可执行性低呢？

（1）表演成分占比太高。

这名瑜伽馆主设想的剧情号，每一集里都会出现特别多的角色，比如出现多位美女的角色和开罐头的人，那么在落地时，在扮演者上就产生了两种选项：选项一，由不同的人分别扮演；选择二，由这个女孩一人分饰多角。

无论是哪种选项，对于生活中没有经历过相关训练的人都是一个不小的挑战。对于这位瑜伽馆主而言，相对于这样天马行空的故事脚本，接近生活的剧情执行起来相对更简单一些。

（2）执行压力大。

想法之所以被称为想法，是因为它还没有被落地执行。一旦执行起来，这种"有意思"并"远离生活场景"的脚本就要考虑它的落地了。比如怎样依托于现有的生活场景（瑜伽教室/卧室/卫生间/公园等生活中可以接触到的场地），让故事的发生显得合理。怎样花少量的钱，可以制作场景中的道具。怎样剪辑可以节省时间，又能有特别逗趣的效果。

当所有这些执行压力汇总在一起时，产生的结果可能就是"不做了""等等再做吧"。

3.两个灵感不落地最大的原因：离目标太远

这位瑜伽馆主找笔者做咨询的时候，介绍了她自己的现状，作为一个年轻漂亮的女孩，她对这个世界充满了好奇，购买了很多的瑜伽和心理学课程，但因为年纪小入行时间比较短，还不能够将这些知识融会贯通，所以笔者给她的定位建议是"一位懂点心理学的瑜伽老师"。依托于她线下的场馆，进行各种瑜伽和心理疏导服务的获利。

上面两个想法其实都是游离在这个目标之外的。"心想事成"的采访账号虽然可以糅合心理学，"美女罐"的剧情号虽然可以糅合瑜伽馆主的身份，但在表达上都不够直接，而且在成功率上也比较低。如果说时间和金钱同时都非常紧缺，那么笔者建议还是直接命中靶心，当我们想要做一个专业号的时候，最简单、快速、保险的方式，就是输出干货，"说服"受众。

行动要为目的服务，当你对做小红书这件事已经有了明确的目标之后，只需要时刻提醒自己不要"跑偏"。制定目标的作用，就是将我们脑海中的万千思绪约束起来，让行动为目标服务，达成心中的愿景。

9.3.2　把竞争思维转化为创造性思维

思考的方式决定了我们做账号的格局。

小红书上博主的数量在不断增加，从其他平台涌入的大博主们也越来越多，暂时还没创建账号的人将这一切看在眼里，也许会觉得有些沮丧，甚至会想：小红书的流量池原本就只有那么大，如今已经被人气博主们瓜分得所剩无几了，他们有才华的才华横溢，有颜值的美貌惊人，有底气的底气十足……而仅剩下那一点少得可怜的飙红的机会又怎会幸运地落在我的头上呢？

这个时候其实就是陷入了竞争的思维怪圈里，如果抱着竞争的心态做账号，就会认为粉丝和流量池的量是有限的，必须与其他人竞争才能够获得更多的粉丝。但事实上，博主们对流量的挖掘是可以无穷尽的，每个人身边都充满了机会，就算赛道再拥挤，也可以通过创造新的需求，来占领小红书用户们的心智。我们先说说抱着竞争的心态做账号都可能对我们自身产生哪些局限。

第一，容易放弃。因为一旦陷入竞争的做账号模式里，就很容易产生"攀比"，为什么同样的灯光布景，同样的人设，产生的结果却大相径庭？

第二，想法上会有很大局限。只能思考当下已有的做账号模式，在对标账号里来回比较，无法跳出固有的思维圈。

所以，为什么要把自己陷入零和游戏的陷阱里呢？做账号的目的是为发展，是为给自己创造新的机会，如果从这个角度去思考就会发现我们不是要和现在平台上已有的创作者去竞争，而是通过自己的创造力为用户带来全新的价值，这才是创造的意义。将注意力集中在创造上，通过为其他人带来利益和好处来获得粉丝，比去一味竞争要来的有效太多。

无论做什么事，都要坚守这样的信念：每当你感到怀疑、恐惧和担忧，你的全部身心就会被不自信所占据，呈现出来的东西就会没有能量。

写完这本书，我们终于战胜了自己，战胜了拖延、不自信和焦虑。

中间有好多次想要放弃，但不想对自己妥协，还是坚持下来了。毕竟写书和做账号一样都是结果导向，中间跌倒爬起的各种心酸过程如人饮水，冷暖自知，只有成果出来，才能体现它的价值。

希望翻开这本书的读者也能跟我们一起行动起来。先知道方向，然后寻找方法，最后踏上行程。曾经看过一句话，"有太多人在等待，等自己不再害怕了再行动，所以他们永远都没有行动。"既然有想法，那就动起来，路总会有的，难道你要停在原地吗？比起纠结是否起程，不如相信更好的机会往往发生在路上。

在写这本书的过程中，我们一直试图将自己这些年运营账号的实战经验以及技巧分享给大家，希望大家能够在新媒体运营的这条路上更快地看到效果。但在本书结尾想告诉大家：做一个账号，其实并没有那么复杂，这些技巧手段与方法只是外在的形式而已，很多草根博主也并不是具备了所有的技能之后才火起来的，大家都是先开始上路坚持地走下去，其他一切自然会水到渠成。

如果说做爆款账号有什么秘诀？其实答案只有一个，就是你的初心。日本著名实业家稻盛和夫先生在分享他带领"第二电信"与"日本航空"走出逆境的过程时，做过最重要的一件事是他花了很长的时间认真思考"为什么要做？"这个问题，在他思考清楚有了答案之后，所有的行动以及经营策略都是基于此而展开，而这个初心就变成了他个人的工作使命，也变成了整个公司的使命，感召了无数的人，一起经历时间的洗礼，跨越无数的艰辛与困难完成最初的使命。其实做账号也是一样，如果你是因为看到别人做了能挣钱，你也想试试看的话，那你一定无法坚持下去，因为在面对困难的过程当中，你无法找到坚持下去的理由，也无法说服自己跨越这个困难。而有一些博主，虽然他没有什么内容生产的经验，也没有运营账号的经验，但是他内心里有分享的冲动，想要把自己的生活分享出来，想要把自己的观点分享出来，想要在这个社会大环境中树立一种正能量的观点，他就一定能够获得大批的粉丝追随，而当你问他是否感到辛苦的时候，他一定会说，这些都是非常简单的举手之劳。

所以做一个账号，尤其是以自由职业者的状态去做一个账号的时候，相当于开启了自我创业的路程，创业之路的艰辛不在于缺钱、缺人、缺资源，而是在我们面对自己时始终缺乏自信，怕自己还不够成熟、不够优秀、努力却没有结果。

凡事"有因必有果"。只要按照正确的方式做事，就算你现在所选择的赛道不适合你，也会很快找到适合的行业；就算你现在所站的位置是错误的，也能很快找到正确的方向。完美主义会扼杀效率，不要在死胡同里站太久。一旦发现某个问题短期很难解决，立刻转换方向。

当然，此处的转换方向并非随意转换，无思绪的改变只会让你越来越接近放弃，只有当自己陷入创意枯竭的困境，开始在某个难以突破的方向上纠结不已的时候才适合这么做。

做账号的方法和路径有千万条，提供给大家的都是我们脚踏实地运用过并且取得结果的实战方法，需要一丝不苟地完成，没有旁门捷径。书中分享了我们自己在账号运营过程当中走过的每一步，以及其中每一个细微的心路变化，希望与每一位正在这条路上努力奋战的新媒体人共勉。

刘诗齐　李音奈